AF554114

A TOUS LES PARTIS.

PARIS, IMPRIMERIE DE POUSSIELGUE,
rue de Sèvres, n. 2.

A
TOUS LES PARTIS,

CONTREDITS

A L'ÉCRIT DE M. DUPIN AINÉ

INTITULÉ

LA RÉVOLUTION DE 1830;

Par Boucher de Courson.

Libertas fons obligationis, ut jus legis.
(Th. Hobbes, *Leviathan.*)

PARIS,

DENTU, LIBRAIRE, PALAIS-ROYAL;

CHATET, LIBRAIRE, PLACE DU PALAIS-ROYAL;

BRICON, LIBRAIRE, RUE DU VIEUX-COLOMBIER, N° 3.

1833.

AVANT-PROPOS.

Un écrit, imprimé sous le titre de *Révolution de juillet* 1830, a été distribué dans la société. Il a été assez généralement répandu pour qu'il soit devenu facile d'en prendre connaissance.

La composition du corps de l'ouvrage mettait à même ses lecteurs de reconnaître à qui il devait être attribué; mais l'auteur avait gardé l'anonyme: dès lors, quelles que pussent être les réflexions que cet écrit fait naître, quelques objections qui pussent lui être opposées, les convenances ne permettaient pas d'en faire l'objet d'une critique hautement manifestée.

La *Gazette des Tribunaux*, dans sa feuille

du 13 février, a fait connaître que cet imprimé venait d'être mis en vente. Cette annonce est conçue dans des termes assez remarquables; il est nécessaire de la rapporter: « Monsieur Dupin aîné, *ayant bien voulu per-* « *mettre* la publication de sa brochure sur la « révolution de 1830, la seconde édition, « suivie de pièces historiques recueillies par « lui, vient de paraître. Cet écrit forme ainsi « un monument qui, à part même l'intérêt « politique, doit trouver place dans les biblio- « thèques de tous ceux qui s'occupent d'his- « toire et de droit public. »

La publication de l'ouvrage étant consentie, chacun obtient réellement le droit de combattre les doctrines qui y sont ouvertement professées. Zélateur de la légitimité, en opposition réelle aux systèmes que M. D.p.. a. proclame, et qu'il veut faire prévaloir, je n'hésite pas à contredire à ses assertions, ainsi qu'aux allégations controuvées qu'il n'a pas craint de produire.

C'est en m'attachant à rester sur la ligne des principes que je cherche à démontrer tout ce que présentent de faux les sophismes des novateurs actuels. C'est dans ce dessein que je provoque la décision de l'impartialité judicieuse. Si, dans sa carrière politique, M. D.p.. a. a su se créer des droits aux titres de célèbre jurisconsulte, de magistrat éclairé, il prête, comme écrivain, à ce qu'on le reconnaisse un partisan aveugle des révolutions, et aussi un historien peu exact. Le soin affecté qu'il a mis à se montrer comme ayant pris une part très-active aux différens événemens, ou faits dont il rend compte, réduit à l'impossibilité de dépouiller entièrement de personnalités plus ou moins marquantes la critique.

A

TOUS LES PARTIS.

S'il en faut croire M. D.p.. a., c'est dans le dessein de mettre la postérité à même d'acquérir une connaissance exacte des événemens de juillet 1830 que, cédant à ses pensées ainsi qu'à ses souvenirs, il s'est déterminé à rédiger l'écrit qu'il a publié.

Selon cet écrivain, *la vigueur et la promptitude de l'action, l'immensité des résultats, font des événemens de juillet le plus grand fait historique dont le souvenir puisse être transmis à la postérité.*

Il ne faut pas hésiter à le dire, la malheureuse catastrophe de 1830 fut le résultat de machinations sourdement ourdies entre des conjurés.

Les ordonnances rendues par Charles X le 25 juillet n'en furent point la cause réelle, seulement elles prêtèrent à saisir un prétexte.

La résolution des meneurs était arrêtée bien avant le moment où ils attaquèrent ouvertement le gouvernement du roi. Leur plan avait été concerté dans plusieurs conciliabules tenus à cet effet.

Ce plan tendait à donner aux générations existantes l'exemple d'une révolution commencée au moyen d'une révolte. Aussi a-t-on vu ce système de désordre éclater en Belgique, en Allemagne, en Pologne, en Italie, presque aussitôt qu'il a pu obtenir en France le résultat calculé et prévu.

Pour prouver à quel point sont fondées ces assertions, qui entachent le grand fait historique sur lequel M. D.p.. a. appelle l'admiration de la postérité, il est nécessaire de tracer le tableau de la situation morale de la France à l'époque de juillet 1830.

Depuis 1814 il existait dans l'état trois partis qui portaient une haine mortelle à la famille régnante. Chacun de ces partis, mû par des vues différentes, aspirait à détruire l'ordre de choses existantes pour établir une autre forme de gouvernement.

De ces trois partis, le premier était celui des philosophes, le second se formait des républicains, tous les napoléonistes grossissaient le troisième.

La révolution de 89 avait été l'œuvre des deux premiers de ces partis; les philosophes la fomentèrent pour détruire toutes les croyances religieuses existantes, et faire prévaloir l'athéisme. Les républicains s'en firent les instrumens, les soutiens, dans le dessein d'abolir l'ancien système du pouvoir héréditaire établi dans toutes les contrées de l'Europe, et d'y substituer la forme élective et populaire.

Les napoléonistes ne prirent de la consistance que depuis les cent jours (1815). Ce parti se forma d'anciens militaires. Animés d'un sentiment qui prenait sa source dans des souvenirs, ils se hasardèrent à tout entreprendre, parce qu'ils étaient imbus de cette idée que la réussite d'une entreprise la justifie toujours.

A l'époque de juillet ces divers partis s'étaient en quelque sorte fondus en un seul. Ils avaient adopté le même système d'opposition, afin de pouvoir se montrer plus forts en agissant de concert. Ce moyen contribua à leur procurer l'avantage d'attirer dans leurs intérêts une foule d'inexpérimentés, dont ils égarèrent l'esprit par de fallacieuses espérances.

Du moment où ils purent compter sur l'engouement de leurs trop crédules prosélytes, ils se déterminèrent à tenter l'exécution de leurs desseins.

Leur première mesure hostile fut de se mettre en face de leur souverain, en rompant ouvertement cet accord de puissance limitée, si nécessaire au maintien de la stabilité de tout gouvernement.

En France, dit Balinvillers, « Les révolutions ne « survinrent jamais que du fait d'hommes à systèmes « nouveaux, qui par des innovations ruinèrent l'é- « conomie de la plus belle monarchie du monde. »

A l'ouverture de la session de 1830, le discours

de la couronne fut une déclaration de confiance, une demande de franche coopération des deux branches de la puissance législative réclamée par le roi.

La chambre de pairs manifesta, dans une adresse expressive de nobles sentimens, avec quel dévouement elle mettrait ses soins à seconder les vues du monarque.

L'adresse de la chambre des députés fut un acte de provocation. Elle contenait ce passage remarquable: « Le droit d'intervention du pays dans les « délibérations des intérêts publics fait *du con-* « *cours permanent des vues politiques de votre* « *gouvernement avec les vœux de votre peuple* « *la condition indispensable de la marche régu-* « *lière des affaires publiques. Sire, notre loyauté,* « *notre dévouement nous condamnent à vous dire* « *que ce concours n'existe pas.* »

Cette adresse fut adoptée et signée par deux cent vingt et un membres de la chambre; nombre excédant de peu de voix la majorité des députés convoqués.

Si l'on arrête son attention sur les noms des signataires, on parvient facilement à saisir à quelle opinion chacun d'eux appartenait.

La provocation était manifeste, elle tendait réellement à altérer le maintien de l'ordre public. Pour déterminer la scission et la rendre complète, dans la séance du 15 mars, un des orateurs les plus chaudement éloquens de l'opposition, répondant à des observations produites par un ministre du roi, (M. de Guernon-Ranville) porta le droit de la tribune jusqu'à la faire retentir des ces paroles : « *Nous n'hésitons pas à le déclarer, non il n'existe aucune sympathie entre cette administration et le pays, entre elle et nous.* »

Ce dithyrambe révolutionnaire fut accueilli par les bravos réitérés des deux cent vingt et un. Les journaux du parti en gratifièrent leurs lecteurs, en l'enrichissant d'une glose bien approbative.

Quelle était la pensée qui avait dicté cette laconique expression, *non, il n'existe aucune sympathie?* Elle était de chercher à exciter contre le souverain l'animadversion générale, et à en faire pour tous un objet d'antipathie.

L'idée d'une telle mesure n'est pas neuve. Lors des états de Blois, l'essai en fut fait par les partisans de la faction des Guise; la France n'a pas encore oublié que de maux en sont résultés.

Qui pourrait se refuser à reconnaître que l'intention du parti révolutionnaire de la chambre de 1830 fut aussi de se montrer dans une situation hostile contre le monarque.

Dans cette occurrence décisive Charles X parut hésiter sur le parti à prendre; souverain, il temporisa. Les séditieux ne tardèrent pas à remarquer que le gouvernement flottait dans un état d'incertitude. Dès lors ils commencèrent à l'attaquer ostensiblement. Leurs feuilles excitèrent à refuser l'impôt; les discours de leurs orateurs ne furent plus que des diatribes contre les ministres choisis par le roi. Le comité directeur s'attacha à faire parvenir dans tous les départemens, au moyen de ses agens affidés, des instructions provoquant à la résistance.

Parmi ceux qui avaient accepté de remplir le rôle de meneurs, les uns donnèrent de l'argent à bureau ouvert, d'autres se chargèrent d'introduire frauduleusement des armes dans Paris, ils en firent des distributions cachées. De leur côté les salariés aiguisèrent leurs poignards, et les sicaires commencèrent à en faire l'essai sur des habitans paisibles, dans le dessein d'éveiller la crainte et de semer l'effroi dans la capitale.

Bientôt les choses furent portées à tel point que le préfet de police dut prévenir l'administration que dans divers quartiers la sûreté publique n'existait plus; la révolte suivit de près.

Cet exposé véridique de faits devenus notoires pourra contribuer à fournir un moyen aux gens impartiaux de reconnaître que *le grand fait historique* de juillet qui, selon M. D.p.. a., doit être transmis au souvenir de la postérité, a eu lieu par suite d'un mouvement d'irascibilité populaire par trop excité, et qui n'a été que le résultat de machinations méditées avec toute perversité.

A qui parviendrait-on à persuader que des jeunes gens élevés aux frais du gouvernement, que d'autres livrés à des études profondes, sans motifs directs, sans sujets de plainte, auraient rompu simultanément les liens qui les attachaient au gouvernement de Charles X, se seraient exposés à perdre leur avenir, s'ils neussent pas été circonvenus.

LA RÉVOLTE.

Malgré tout ce que M. D.p.. a. hasarde d'erroné dans son écrit pour justifier la révolte des trois journées, quoiqu'il cherche à établir tout ce que peut offrir d'imposant un peuple *de citoyens improvisant la résistance ; des troupes d'élite vaincues par une héroïque population ; le courage civil se montrant l'égal du courage militaire ;* il n'en demeure pas moins incontestable que, dans aucun cas, la révolte n'est permise.

Chez tous les peuples, les moralistes de tous les âges se sont accordés pour considérer le mouvement de révolte comme un état de frénésie extrêmement dangereux pour le peuple qui s'abandonne à ces excès. Cette situation peut occasionner sa perte, elle entraîne toujours sa ruine.

Les législateurs religieux des peuples modernes, ainsi que ceux des peuples anciens, Luther comme Confucius, déclarent la révolte un acte subversif de tout principe d'ordre. « C'est par leur magis-« trats que les citoyens doivent faire réclamer « contre les griefs dont ils croient avoir à se « plaindre, ont dit également Zvingle, Calvin. » Hobbes, dans sons *Leviathan*, chapitre de *la liberté des peuples*, démontre qu'une révolte ne peut annuler l'empire des lois existantes. A Venise, le sénat punissait d'amendes arbitraires les inquisiteurs d'état qui n'avaient pas prévu ou réprimé une sédition populaire ; des peines corporelles pouvaient même leur être infligées si la révolte était la suite de trop de faiblesse de leur part. Les lois de la guerre autorisent à faire passer au fil de l'épée les habitans d'une ville prise, et qui se révoltent dans le dessein de rentrer sous l'obéissance de leur légitime souverain.

Toute objection contraire à ces argumens serait plus subtile que solide ; les principes d'ordre public sont indestructibles, ils forment l'angle de la voûte sur laquelle s'appuie l'édifice social.

Mais qu'il soit permis d'adresser cette question aux sophistes du jour, à ces hommes d'état *régularisant la victoire* : Dans quelle occurence la révolte commence-t-elle à être permise légalement ? A qui appartient-il de peser les motifs, de décider quelles peuvent être les causes suffisantes pour en autoriser l'action ? M. D.p.. a. se chargerait-il de le démontrer par des raisonnemens plausibles ?

Avant de s'attacher à prouver à quel point sont hasardées les assertions de l'historien complaisant des trois journées, il est nécessaire d'établir quelle était la situation accidentelle de Paris à l'époque où parurent les ordonnances du roi, au 25 juillet.

Alors Charles X était à Saint-Cloud avec sa famille, une portion de sa maison militaire y tenait quartier ; plusieurs détachemens formés de différentes armes de la garde royale y faisaient le service. La garnison de Paris était si peu nombreuse que malgré la réduction des factionnaires, même dans les postes les plus essentiels, les soldats n'avaient que deux nuits sur cinq. Les corps sédendaires, savoir les gendarmeries royales, du département, de la ville, des chasses, ne présentaient pas, soit en infanterie ou cavalerie, une force de plus de seize à dix-huit cents hommes. Le corps des pompiers, quoiqu'il soit militairement armé, n'est pas destiné pour agir comme force active.

Le lieutenant-général commandant la division était absent, plusieurs chefs de corps étaient ou en congé ou en permission.

Depuis près de quatre ans Paris était privé de sa garde bourgeoise, et chose aussi difficile à concevoir qu'à expliquer, les ministres qui étaient entrés successivement dans l'administration depuis le licenciement de ce corps n'avaient pas su saisir des circonstances indicatives pour réorganiser cette force si nécessaire au maintien de l'ordre public, si propre à assurer la garantie des propriétés.

La classe des ouvriers était généralement paisible; la prospérité croissante donnait la certitude d'un avenir rassurant.

Il faut bien le dire, à cette même époque, par diverses causes, la capitale pouvait être trop aisément agitée.

L'action préventive de la police était réellement paralysée par la défection au moins intentionnelle de ses agens subalternes, attachés d'inclination aux différens partis.

Une surabondance de ces êtres dont se compose la populace encombrait presque continuellement les places publiques, se pressait dans les quartiers les plus fréquentés, n'ayant d'autre occupation que de chercher ses moyens d'existence dans un genre de vie de vagabondage. Plus de huit mille individus échappés des bagnes ou libérés des galères y formaient les bandes de rôdeurs de nuit.

Un nombre considérable d'étrangers de différentes nations, en butte aux inconvéniens d'une situation fausse, se montraient avides de troubles, dans l'espoir d'améliorer leur sort.

Les classes riches étaient à la campagne, les personnes aisées se trouvaient momentanément absentes.

Quoique le jour de la convocation des chambres eût été indiqué, peu de pairs, peu de députés s'étaient rendus pour assister à l'ouverture.

Quelle différence entre la veille et le lendemain du jour où parurent les ordonnances! Le samedi, le calme de la paix publique; le lundi, l'agitation tumultueuse et croissante de la sédition populaire, de la révolte.

Dans la soirée du lundi 26, les conspirateurs, après s'être assurés de leurs moyens, firent sonner le rappel de leurs stipendiaires par des enfans perdus qu'ils chargèrent de briser les réverbères.

Dans presque tous les quartiers de Paris la police

laissa faire, cependant la nuit fut assez paisible.

Le mardi, du moment où les cabarets ouvrirent, ils furent encombrés de jeunes déguenillés se faisant donner bouteille et buvant aux cris de *Vive la charte!* Pour payer la dépense un grand nombre présentait la pièce de quarante sous, quelques-uns l'écu de cinq francs. Cette journée s'écoula cependant sans accidens très graves. Généralement les ouvriers restèrent à leur travail; le soir les promenades publiques, les boulevarts furent fréquentés comme d'ordinaire; la circulation des voitures ne fut point interrompue. Si dans quelques quartiers des rassemblemens s'étaient formés, les patrouilles étaient parvenues assez facilement à les dissiper; nulle part il ne s'était manifesté une opiniâtre résistance. Ce qu'avance M. D.p.. a., que ce jour *on se battait aux deux extrémités, rue Saint-Honoré et à l'hôtel Polignac près du boulevart,* (il a voulu dire l'hôtel des affaires étrangères) est plus qu'exagéré. Ce ne fut que sur les dix heures du soir, lorsque la nuit fut close, que la révolte parut se montrer prête à éclater en même temps sur plusieurs points. Des hommes proférant des cris séditieux se présentèrent devant les détachemens de troupes stationnées. Le mercredi, à la pointe du jour, des bâtons ferrés furent répandus dans les rues; des charrettes chargées de planches destinées à former des barricades furent dirigées de différens côtés. Des placards annonçant l'arrivée des Rouennais furent affichés sur tous les murs.

Au milieu du jour le débordement fut complet, la lutte devint générale, les troupes durent se trouver engagées presque sur tous les points dont la défense leur avait été confiée.

D'après ce qu'avance M. D.p.. a., *le déploiement de la force militaire appela la résistance armée des citoyens; la garde royale, les Suisses étaient sous les armes; d'autres corps de troupes avaient été réunis: la lutte s'engagea dans la soirée et la nuit du lundi; le mardi 27 on se battait aux deux extrémités, rue Saint-Honoré et à l'hôtel Polignac près du boulevart.* A ce premier exposé fait avec intention il ajoute: *Le mercredi le général Pajol s'était offert pour commander la garde nationale. Le jeudi matin il n'attendait qu'un ordre signé de quelques députés pour se mettre à la tête de cette garde, qui commençait à se former, à se montrer en uniforme; elle demandait un chef. Cet ordre, dicté par D.p.. a., écrit à six heures du matin chez le duc de Choiseul par Alexandre Delaborde député de Paris, fut remis au lieutenant-colonel de Goussé, qui se hâta d'aller le faire signer, et qui le rendit ensuite au général Pajol. Le jeudi matin 29, la fusillade et le canon se faisaient entendre sur tous les points, aux cris répétés par tous les citoyens de* Vive la Charte et la liberté! *Ce même jeudi, le général Gérard avait accepté le commandement de la troupe de ligne, et deux régimens venaient de lui faire leur soumission.*

Pour démontrer jusqu'à l'évidence à combien de suppositions s'est livré M. D.p.. a. dans les détails qu'il donne des trois journées de la révolte, il convient de rapporter de suite quelques déclarations produites par des témoins dignes de foi, qui ont déposé dans le procès des ministres du roi Charles X.

Déposition de M. de Guise, chef de bataillon, aide-de-camp de M. le duc de Raguse.

« M. le maréchal était de service à Saint-« Cloud en qualité de major-général ; je l'y ai « vu le mardi 27. Il me dit que le matin le roi « lui avait donné l'ordre de se rendre à Paris, d'y « prendre le commandement des troupes, ajoutant « que si la tranquillité était rétablie le soir il « pourrait reprendre son service à Saint-Cloud. « Le mardi 27 j'ai entendu M. le maréchal « répéter aux chefs des colonnes de ne pas faire « feu avant qu'ils eussent reçu une fusillade ; et « par fusillade il entendait cinquante coups de « fusil. — *D.* Savez-vous si M. le maréchal ren-« dit compte mardi soir au roi de la situation de « la journée ? — *R.* A midi il écrivit au roi pour « annoncer que les rassemblemens s'étaient dis-« persés, et que la tranquillité était rétablie dans « Paris. J'ai écrit moi-même cette lettre sous sa « dictée.

« — *D.* A quelle heure, le mercredi, M. le « maréchal a-t-il été informé de la mise en état « de siége de la ville de Paris ? — *R.* Je ne puis

« pas bien me rappeler l'heure; mais c'est dans « la matinée. — *D*. Lorsque le maréchal rendit « compte au roi de la situation de Paris, lui fit-il « connaître la gravité des événemens? — *R*. Dès « huit heures du matin le mercredi, M. le « maréchal avait écrit une lettre au roi; j'en ai « remis la copie à MM. les commissaires. Il disait « au roi que ce n'était pas une émeute, mais une « révolution, et qu'il était urgent de prendre des « moyens de pacification; que l'honneur de la cou- « ronne pouvait encore être sauvé, mais que le « lendemain il ne serait peut-être plus temps.

« — *D*. Vous avez eu connaissance des rapports « que M. le maréchal eut avec les maires de « Paris? — *R*. Jeudi de très bonne heure M. le « maréchal convoqua à l'état-major MM. les « maires de Paris; quatre s'y sont rendus, ils « furent chargés de s'avancer vers le peuple et « d'annoncer que l'ordre avait été donné aux « troupes de ne plus tirer. M. Huttot d'Origny « s'avança dans la rue de Rohan pour faire cette « déclaration. En un instant toutes les croisées de « la rue furent couronnées de monde qui criait « vive le Roi, vive la Charte. »

Déposition de M. le comte de Chabrol-Volvic, ancien préfet de la Seine.

« M. le Président au témoin. Avez-vous été « informé des ordonnances du 25 juillet? — *R*. J'en « ai été informé à cinq heures et demie du matin « par l'arrivée du *Bulletin des Lois*, ce qui me

« surprit beaucoup, car je ne m'attendais nulle-
« ment à ces ordonnances. La veille à neuf heures
« du soir, j'avais reçu ma lettre close comme mem-
« bre de la chambre des députés, qui devait être
« convoquée pour le 3 août.

« — *D*. Vîtes-vous à cette occasion le ministre de
« l'intérieur? — *R*. Lorsque le *Moniteur* m'eut
« confirmé cette nouvelle, j'allai chez le ministre
« de l'intérieur; je le trouvai dans son cabinet.
« Je lui dis que les circonstances dans lesquelles
« nous allions entrer ne convenaient pas à mon
« caractère; que depuis dix-huit ans que j'admi-
« nistrais le département de la Seine, j'avais
« toujours cherché à donner à mon administration
« un caractère légal et même paternel; que je ne
« pouvais m'écarter de ces habitudes. M. le
« ministre me répondit que si le gouvernement
« était sorti momentanément, en vertu de l'article
« 14 de la Charte, de son caractère légal, c'était
« pour y rentrer très prochainement. Il ajouta
« qu'il ne pensait pas que je dusse m'écarter de
« la marche que j'avais suivie pour mon adminis-
« tration; qu'il ne l'avait pas entendu critiquer
» et qu'il m'engageait à la continuer.

« Je retournai à l'Hôtel-de-Ville, où se trou-
« vaient rassemblés seize membres du conseil gé-
« néral pour traiter des affaires de la ville. Il n'y
« fut fait aucune observation sur les ordonnances.
« En rentrant dans mon intérieur, à cinq heures
« du soir, je pensai bien que les ordonnances ex-

« citeraient des mouvemens dans Paris, et quoique « je n'eusse pas d'agens à moi qui pussent m'infor- « mer de l'état de la ville, car tout ce qui regarde « la sûreté rentre exclusivement dans les attribu- « tions du préfet de police, je chargeai quelques « hommes intelligens de s'enquérir de ce qui se « passait et de venir m'en rendre compte. On me « rapporta que le lundi au soir il y avait eu un « rassemblement au Palais-Royal, mais qu'il s'était « dissipé et qu'il n'y avait pas eu d'engagemens. « J'appris le mardi matin qu'il y avait beaucoup « de fermentation, et que tout faisait présumer « qu'il y aurait des désordres dans la journée. Je « fus informé vers quatre heures que la foule se « portait du côté de la Porte Saint-Martin et de la « Porte Saint-Denis, du côté du Palais-Royal et « de la rue Saint-Honoré. On me dit qu'en face « du Théâtre-Français les soldats d'un régiment « avaient paru ne pas obéir aux ordres qui leur « avait été donnés. La chose était grave; je montai « en voiture et j'allai trouver le ministre de l'inté- « rieur. Il me parut calme, d'un grand sang-froid, « n'ayant rien à redouter pour lui-même, mais « fort peiné des désordres que je lui annonçais. « Je vis qu'il n'était pas bien informé de ce qui se « passait. Dans l'état des choses, je croyais néces- « saire d'établir une surveillance sur les ponts et « de tâcher d'empêcher les rassemblemens, soit « en gardant les postes le long du canal Saint- « Martin, soit en séparant en quelque sorte les

« quartiers, pour empêcher par cette séparation « les désastres de devenir plus considérables; « le ministre de l'intérieur partagea cet avis : je le « quittai pour retourner chez moi.

« Le soir il n'y eut pas de très grands désordres « autour de l'Hôtel-de-Ville. Cependant on avait « vu passer à la chute du jour quelques hommes « assez mal armés, qui se rendaient dans le fau- « bourg Saint-Antoine. On apporta un homme « blessé très grièvement; je crois que l'intention « de ceux qui le portaient était d'exciter le peuple : « mais cette tentative ne réussit pas, et cet homme « blessé fut laissé sur la place et transporté à « l'Hôtel-Dieu par les soins du commissaire de « police. Le calme se rétablit autour de l'Hôtel- « de-Ville, et je me retirai chez moi à onze heures « du soir.

« Le mercredi matin on vint me dire que l'agi- « tation était loin d'être calmée, qu'on voyait « descendre des groupes de six à sept hommes « du faubourg Saint-Antoine. Je retournai chez « le ministre de l'intérieur; il ne me parut pas « avoir une connaissance exacte de ce qui se pas- « sait, il se plaignit de n'avoir pas reçu le rapport « de la police, et de n'avoir pas vu le préfet de « police : il fit demander si le rapport était ar- « rivé, et je crois qu'on lui répondit qu'il ne « l'était pas.

« Je me rappelle qu'à cette occasion je dis au « ministre qu'il serait bon de déployer autour de

« l'Hôtel-de-Ville un grand appareil de forces, car « il était probable qu'on y établirait une munici- « palité provisoire ; déjà la veille j'avais eu cette « prévision : j'avais demandé que le poste de « l'Hôtel-de-Ville fût renforcé. Il était de douze « hommes, on n'y renvoya que quatre hommes. « Je fis observer qu'avec une force si faible il se- « rait fâcheux d'engager une action, et qu'il fallait « à tout prix empêcher l'effusion du sang.

« Retourné chez moi, je vis déboucher par « toutes les rues qui aboutissent à la place de « l'Hôtel-de-Ville, des rassemblemens extrême- « ment nombreux, à la tête desquels se trouvaient « des hommes qui paraissaient fort animés. Tout « annonçait des hommes disposés à monter à l'as- « saut, et n'étant pas en état d'entendre la voix « de leur magistrat. Le poste de l'Hôtel-de-Ville « s'était retiré, d'après le conseil que je lui en « avais donné. Comme les portes de l'Hôtel-de Ville « étaient fermées, le peuple s'arrêta assez long- « temps sur la place avant qu'elles pussent être en- « foncées. Je vis arriver plusieurs gardes natio- « naux, ils n'étaient pas même tous habillés ; il y « en avait qui s'habillaient sur la place même, « mais ils n'étaient pas en assez grand nombre « pour garder le poste et protéger le magistrat « de la ville.

« Voyant qu'il n'y avait pas moyen de tenir dans « l'Hôtel, je me retirai dans le logement du sous- « bibliothécaire, pour me mettre à l'abri du tor-

« rent qui grossissait d'instant en instant. Les portes « de l'Hôtel-de-Ville ayant été enfoncées, le « peuple se porta au beffroi, sonna le tocsin, et « arbora un drapeau aux couleurs nationales, au- « quel était attaché un crêpe. En cet instant on « entendit une vive fusillade ; c'était un détache- « ment qui débouchait par le quai Pelletier ; le « détachement n'étant pas en force, fut obligé de « se replier ; un second détachement ne put pas « non plus tenir ; mais vers midi il arriva des « troupes en assez grand nombre, suivies de ca- « nons. Il y eut un engagement extrêmement vif ; « le peuple s'était emparé des fenêtres des maisons, « d'où il tirait sur les troupes, qui restèrent maî- « tresses de la place. Il n'y eut plus alors qu'une « guerre de tirailleurs.

« Lorsque le jour vint, j'appris que les troupes « avaient évacué la place après minuit, et que « l'Hôtel-de-Ville était abandonné par tout le « monde. J'avais fait effacer tout ce qui indiquait « des caisses où étaient renfermés les fonds de la « ville. On me rassura à cet égard : on me dit « qu'on se disposait à établir une municipalité. Je « me trouvais dans une position fort embarras- « sante ; mes devoirs ne me permettaient pas de « me mêler en aucune façon à ce qui tenait à un « gouvernement nouveau. Je me retirai dans le « local des magasins de réserve, et là j'écrivis « mon second rapport. Vers onze heures et demie « nous apprîmes que le peuple s'était emparé des

« Tuileries, et que les troupes étaient en pleine « retraite sur Saint-Cloud. »

Déposition de M. Petit, ancien maire du deuxième arrondissement.

« Le lundi, je traversai le Palais-Royal pour rentrer chez moi, à dix heures et demie du soir, je ne remarquai aucun mouvement dans ce quartier; les grilles du jardin étaient fermées; j'aperçus un groupe devant le bureau du *Régénérateur;* un ouvrier dit : On est au ministère des finances. Passant par la rue Saint-Honoré, je vis un groupe de jeunes gens. On cria *vive la charte!* on cassa les réverbères. Arrivé au ministère des finances, je vis jeter des pierres au factionnaire; le commandant fit seulement prendre les armes au poste. Je me rendis à la préfecture de police; monsieur le préfet n'y était pas : M. Thouret vint à moi et me dit que le colonel de la gendarmerie était monté à cheval avec six gendarmes. Je fus surpris de ce petit nombre. Le lendemain j'allai voir M. de Chabrol, préfet de la Seine, pour lui demander des instructions, il n'en avait pas à me donner; il me dit qu'un grand nombre d'ouvriers avaient été renvoyés des ateliers.

« Le mercredi plusieurs gardes nationaux me demandèrent s'ils devaient s'armer; j'étais fort en peine à cet égard, je ne pouvais leur donner aucun ordre. Je me rendis aux Tuileries auprès de M. le prince de Polignac; je lui fis connaître l'objet qui m'amenait. Il me dit : Allez de suite trouver monsieur le maréchal; je le trouvai sur la place du Carrousel, je lui fis part du désir des gardes nationanx de mon arrondissement. Monsieur le maréchal me répondit que déjà plusieurs personnes l'avaient consulté sur ce point, mais qu'il ne pouvait donner aucune instruction, et il ajouta qu'il pourrait y avoir du danger pour ces gardes nationaux.

« Jeudi, vers neuf heures du matin, je reçus une lettre de monsieur le maréchal, par laquelle il m'engageait à me rendre en costume aux Tuileries; je m'y rendis aussitôt. Là je vis M. de Sémonville. M. le prince de Polignac me dit : Monsieur le maire, je vais à Saint-Cloud prendre les ordres du roi, je vous engage à attendre avec M. le duc de Raguse. Le maire du dixième arrondissement vint me rejoindre; nous dîmes à monsieur le maréchal qu'il pouvait disposer de nous. Monsieur le maréchal nous répondit : Je vous ai fait venir dans des intentions de paix, portez-vous sur les points où il importe de rétablir l'ordre; tâchez de calmer les esprits.

« Nous dîmes à monsieur le maréchal que, pour essayer de les calmer, il fallait pouvoir porter des paroles de paix : « Vous n'avez qu'à annoncer, nous « dit monsieur le maréchal, que j'ai demandé au « roi la révocation des ordonnances et qu'elles se« ront retirées. » Nous acceptâmes cette mission. Arrivés à la place Vendôme, M. le comte de Wals nous dit qu'il avait porté l'ordre du maréchal de faire cesser le feu, que chacun devait conserver ses positions, que la garde ne ferait aucun pas en avant. Nous agitâmes nos mouchoirs sur la place Vendôme, la population nous entendit assez. Nous nous rendîmes de là à la rue de l'Echelle, où un combat s'était engagé. Nous allâmes demander au maréchal s'il avait donné ordre de faire cesser le feu sur ce point. Il répondit qu'il avait donné cet ordre, mais que la population ne voulait pas suspendre les hostilités. Il nous donna des officiers d'ordonnance pour nous accompagner. Nous agitâmes des mouchoirs; la garde royale mit aussi des mouchoirs au bout des fusils. Nous arrivâmes ainsi en face du Théâtre-Français, où nous vîmes une population dans un grand état d'exaspération; nous parvînmes cependant à faire cesser le feu. Le calme s'était un peu rétabli, il y avait une sorte de rapprochement; un soldat de la garde dit: Oui, *vive la Charte!* mais avant tout *vive le roi!*

« Tout à coup nous entendîmes une explosion du côté du Louvre. Nous nous portâmes de ce côté, et nous vîmes qu'il n'y avait plus moyen de remplir notre mission. Trente à quarante soldats s'étaient embusqués dans une maison de la rue Saint-Honoré; nous engageâmes l'officier qui les commandait à se retirer, il parut partager notre sentiment; mais il dit que sans l'ordre du maréchal il ne pouvait quitter son poste. Nous nous retirâmes pour nous réfugier dans une maison de la rue de Rohan. »

Déposition de M. de Saint-Chamans, officier général.

« Le 27 juillet au soir, j'entendis dire qu'il y avait des rassemblemens dans Paris, et étant de service dans la garde royale, je me rendis de mon propre mouvement à l'état-major de cette garde, rue de Rivoli; j'y suis resté jusqu'à dix heures et demie, sans y recevoir aucun ordre, et alors je rentrai chez moi. Le 28 juillet, entre dix et onze heures du matin, je reçus l'ordre (et ce fut le premier que je reçus) de me rendre à l'état-major de la garde royale. Aussitôt que j'y fus arrivé, le maréchal duc de Raguse me donna l'ordre de prendre le commandement d'une colonne composée d'environ neuf cents hommes d'infanterie, cent cinquante lanciers et deux pièces de canon, de suivre les boulevards jusqu'à la place de la Bastille et le faubourg Saint-Antoine, de dissiper tous rassemblemens tumultueux, de renverser les barricades que je pourrais trouver sur ma route, et de repousser la force par la force, si j'éprouvais de la résistance. Je n'ai reçu aucune instruction pour faire les sommations prescrites par la loi, et je n'avais d'ailleurs avec moi aucun officier de police.

Ma marche fut tranquille jusqu'an boulevard Bonne-Nouvelle; mais sur la hauteur de ce boulevard qui domine la Porte Saint-Denis, je trouvai une barricade formée de planches et autres objets. La compagnie de voltigeurs qui formait mon avant-garde s'y porta rapidement pour la renverser et frayer un passage à la colonne, mais lorsqu'elle commençait cette opération, elle fut assaillie de plusieurs coups de feu, partis de la Porte Saint-Denis et des encoignures des rues qui débouchent au-dessus. Les voltigeurs répondirent à cette fusillade. Il n'y avait personne dans la rue; on ne voyait pas ceux qui tiraient sur nous; les coups de fusil partaient principalement de la porte Saint-Denis, et il était entièrement impossible de faire aucune sommation. Je continuai ma marche vers la place de la Bastille, recevant de droite et de gauche des coups de fusils. Les officiers d'infanterie m'ayant rendu compte que leurs hommes n'avaient que peu de cartouches, et n'ayant pas de caissons de munitions avec moi, j'envoyai M. Petit-Lamontagne, adjudant-major du régiment des lanciers, en rendre compte à M. le maréchal duc de Raguse, mais je n'ai plus entendu parler de cet officier.

Arrivé sur la place de la Bastille, où je trouvai quelques troupes qui n'étaient point sous mes ordres, je me dirigeai avec ma colonne dans la rue du faubourg Saint-Antoine, où je trouvai quelques barricades, et où je reçus une fusillade assez vive par les fenêtres des maisons; mais cette résistance cessa, et je m'établis, avec ma troupe, dans la grande rue du faubourg. Le feu de la mousqueterie ayant entièrement cessé, les habitans, hommes, femmes et enfans, sortirent en foule des maisons et se mêlèrent avec la troupe. Je parlais à plusieurs groupes de ces habitans, les exhortant à rester tranquilles et à reprendre leurs occupations journalières, lorsqu'une femme s'approcha de moi et me dit qu'il n'était pas facile de rester tranquille lorsqu'on était sans argent, sans travail et sans pain à donner à ses enfans. Je lui donnai une pièce de cinq francs, et alors beaucoup de femmes, et même d'hommes, m'ayant entouré, en me tenant le même propos, je leur distribuai l'argent que j'avais sur moi. Dans mon rapport sur les événemens de la journée que j'adressai, un instant après, à M. le maréchal duc de Raguse, je fis mention de cette circonstance. Il était alors environ trois heures après-midi, et n'ayant reçu aucun ordre de l'état-major de la garde, je jugeai que les communications n'étaient pas libres, et je me remis en marche pour les Tuileries.

A la sortie du faubourg Saint-Antoine, ma colonne essuya encore une fusillade assez vive des mêmes maisons d'où le feu avait commencé quand j'étais entré dans ce faubourg. Arrivé sur la place de la Bastille, il me fut rendu compte qu'on ne pouvait plus passer sur les boulevards, à cause des abattis d'arbres et des barricades, et je me décidai à prendre la rue Saint-Antoine ; mais cette rue était fortement barricadée et défendue par une fusillade très vive et meurtrière partant des fenêtres des maisons ; et mon infanterie ayant usé ses cartouches, je me décidai à passer la Seine au pont d'Austerlitz, où je ne rencontrai qu'une résistance légère, et je me rendis par les boulevards neufs, à l'esplanade des Invalides, où, après avoir laissé reposer ma troupe, je reçus l'ordre par un officier qui me fut adressé par M. le duc de Raguse, de me rendre sur la place Louis XV, où j'arrivai entre dix et onze heures du soir. Après y avoir établi les troupes sous mes ordres, je me rendis à l'état-major de la garde, rue de Rivoli, où je fis à M. le maréchal duc de Raguse le rapport verbal de tout ce que je viens de dire.

« Je retournai sur la place Louis XV, et le 29 juillet, vers huit heures du matin, un aide-de-camp de M. le duc de Raguse m'apporta l'ordre de me diriger, avec deux bataillons, un régiment de cavalerie et une pièce de canon par l'allée des Veuves et le quai de Chaillot, sur la barrière des Bons Hommes, afin de rétablir sur ce point les communications avec Saint-Cloud. Je me mis aussitôt en marche avec ces troupes, et j'eus à renverser quelques barricades. Depuis la sortie de l'allée des Veuves jusqu'à la barrière, je fus accueilli par une fusillade assez vive partant des hauteurs dites du *palais du roi de Rome*, des rues de Chaillot et de derrière la barrière, qui était fortement barricadée, et que je fus forcé de faire enfoncer. Je suivis alors la grande route jusqu'à l'embranchement qui mène à Auteuil; à cet embranchement, j'eus encore une barricade à détruire, mais sans éprouver de résistance. Je traversai Auteuil et je laissai reposer un instant mes troupes dans le bois de Boulogne, car la chaleur était excessive, et elles étaient épuisées de fatigue et de besoin. Je me remis ensuite en marche vers la barrière de l'Etoile pour me rendre à Paris, mais avant d'y arriver, j'appris que les troupes se retiraient de Paris, et M. le maréchal duc de Raguse, que je rencontrai près la barrière de l'Etoile, me donna l'ordre de conduire ma colonne à Saint-Cloud, où j'arrivai dans l'après-midi, et où je l'établis au bivouac dans la grande allée du parc qui longe la rivière et va de Saint-Cloud à Sèvres.

« Dans cette dernière marche militaire, comme dans celle de la veille, il fut tiré sur ma troupe beaucoup de coups de fusil de l'intérieur des maisons et des encoignures des rues; mais je ne vis jamais devant moi, ni à ma portée, aucun rassemblement auquel je pusse adresser une sommation, et la troupe répondait naturellement aux coups de fusil qui, à chaque instant, étaient dirigés sur elle de l'intérieur des maisons. »

Ces déclarations faites par des magistrats civils, par un officier général, par un militaire d'un grade supérieur, offrent un caractère de vérité qui les rend incontestables. Ni MM. les commissaires de la chambre des députés, délégués pour soutenir les actes d'accusation dirigés contre les ministres de Charles X, ni le ministère public près la cour des pairs, n'ont pu les atténuer par des objections solides. Ces déclarations doivent demeurer des documens instructifs pour la postérité. Elles doivent aider à fixer l'opinion générale sur la révolte de juillet 1830. Que deviennent devant ces témoignages les assertions de M. D.p.. a. qui n'a pas craint d'avancer que le gouvernement avait pris à l'avance *tous les moyens qu'il croyait propres à surmonter la résistance qu'un violent mépris* des droits nationaux avait fait naître.

Que pourrait-on alléguer contre cette preuve donnée par l'autorité militaire de sa confiance dans la durée de la tranquillité publique? Elle se borne à envoyer un renfort de quatre hommes à un poste de douze factionnaires destinés à assurer le maintien de l'ordre et à préserver de toute insulte le premier et le plus important des établissemens civils de la capitale.

Comment admettre ce concours unanime de tous les citoyens *pour faire triompher leur résistance*, lorsque l'on voit un officier général, à la tête d'un faible détachement composé en partie d'une troupe dont les moyens restèrent paralysés, s'avancer dans un des faubourgs les plus populeux ; le parcourir sans avoir besoin d'y déployer la force, et en sortir sans même y avoir été insulté par ces habitans sédentaires.

Dans sa tradition des faits, M. D.p.. a. veut donner à entendre que la garde nationale, *qui commençait à se montrer en uniforme et à se former*, aurait fait la demande d'un chef, qu'elle aurait annoncé l'intention de se réunir aux révoltés.

Toutes les démarches faites par des habitans

appartenant à ce corps prouvent que leur intention était de contribuer à la conservation de l'ordre. En s'adressant à leurs magistrats, ils ont démontré ouvertement dans quel sens ils comprenaient leurs devoirs.

M. D.p.. a., qui paraît avoir rempli dans ces circonstances le rôle de directeur du personnel de la révolte, aurait bien dû faire insérer au nombre des pièces historiques dont son ouvrage se trouve enrichi, l'ordre dicté par lui, signé de quelques députés, et donné à M. le général Pajol pour l'investir du commandement de la garde nationale. Le document était au moins nécessaire à produire comme preuve de l'exactitude du fait avancé: cette omission autorise à en douter.

Qu'un lieutenant-général, mu par sa propre opinion, consente à participer à une révolution méditée, l'action est possible, elle tient à la manière d'envisager une question politique; mais que ce militaire se soit montré disposé à obéir à un ordre émané et signé de quelques députés se disant un pouvoir, telle résolution de condescendance est peu croyable.

A qui persuadera-t-on que M. le maréchal (alors lieutenant-général) Gérard ait accepté le jeudi le commandement d'une portion de la troupe de ligne en défection, lorsqu'il reconnaissait encore le commandant des troupes dans Paris. Ce général était du nombre des commissaires envoyés vers M. le maréchal duc de Raguse, par les députés réunis, dans l'intention de faire cesser les scènes de carnage qui ensanglantaient les rues de Paris. Il savait alors que le duc de Raguse avait écrit au roi pour demander à S. M. des instructions d'après des conditions proposées par ces mêmes commissaires dont il faisait partie. Il ne pouvait ignorer que dès le mercredi soir, le roi, par le retour de l'aide-de-camp, M. de Kanieroski, « avait fait « parvenir au maréchal l'ordre de faire retirer les « troupes sur le Carrousel, la place Louis XVI, et « de n'agir qu'avec des masses, mesure qui prouvait « la volonté de se tenir seulement sur la défensive. »

Pour tout esprit impartial, il résulte nécessairement, d'après ces détails, la conviction, que le jeudi ni M. le maréchal duc de Raguse, ni les commissaires des députés ne devaient regarder comme impossible d'arriver à des moyens de rapprochement. Eût-ce été aider à la réussite de ces dispositions *d'accepter le commandement* de la troupe de ligne? Mais par qui ce commandement avait-il été décerné, à quel ordre M. le lieutenant-général Gérard a-t-il consenti d'acquiescer?

Ces réflexions ne se rapportent aux deux généraux dont elles font spécialement mention que pour faire remarquer dans quelle position ils se seraient trouvés placés par leur adhésion à l'acte de pouvoir souverain que certains députés se seraient crus en droit d'exercer.

Les divers témoins des scènes de la révolte de juillet ne disconviendront pas que le 30 elle était terminée pour Paris. Dès les neuf heures du matin toutes les troupes du roi avaient évacué la ville. Le soir les rues, les places, les promenades furent fréquentées par une foule de curieux, et les cafés rouverts. Cette situation, aussi inconcevable qu'inattendue, donna lieu à une particularité restée ignorée, mais qu'on peut cependant déclarer être un fait exact. On s'est déterminé à en faire mention pour fournir une preuve que les projets des meneurs n'étaient pas restés enveloppés d'un impénétrable secret.

Le vendredi soir, entre neuf et dix heures, un étranger de distinction et une dame aussi étrangère à laquelle il donnait le bras, vinrent s'asseoir au *Café de Paris*, en dehors. Ils se firent servir des glaces. Presque au même moment des musiciens ambulans se présentant devant la balustrade, se mirent à jouer un morceau d'ensemble. Alors un Français qui se promenait s'arrêta, et, s'approchant de deux pairs qui prenaient des rafraîchissemens, il dit à l'un d'eux : Comment souffre-t-on cette musique? c'est laisser donner un concert sur des cadavres : tout ceci nous ramène à l'époque de 1815. L'étrangère, qui avait entendu faire la comparaison, s'adressant à son cavalier, lui demanda : Mais que signifie tout ce que nous voyons, tout ce qui se passe? je n'y puis rien comprendre. Madame, *c'est le prologue tragico-lyro-comique d'un drame dont la scène doit avoir l'Europe pour théâtre.*

Cette réponse déclarative prononcée assez haut par un personnage dont l'extérieur aidait à faire présumer de ses relations habituelles, était de nature à faire impression. Aussi a-t-elle aidé à diminuer l'étonnement produit par les événemens que la révolte avait fait naître, pour élargir les voies à la révolution ourdie.

RÉVOLUTION DE JUILLET DIRIGÉE CONTRE LE ROI CHARLES X.

Avant d'entrer dans les détails relatifs à cet événement, avant de répondre aux assertions produites par M. D.p.. a. en faveur du système, je me dois; en ma qualité de légitimiste, de faire connaître de quelle manière j'en envisage le principal résultat.

Il ne peut entrer dans ma pensée de comprendre dans la classe de ceux qui ont coopéré à la révolution de juillet 1830 le prince qui tient actuellement les rênes de l'état. Selon moi, de cela même qu'il a tout accepté se tire la preuve, la conséquence qu'il n'a personnellement rien voulu. Ce prince s'est placé au trône, il s'est mis en face de la France, il s'est présenté aux regards de tous les peuples, mais il a su garder en soi-même la direction de tout son vouloir, il s'est donné l'avenir. Qui pourrait affirmer quels sont les projets que son âme élabore, qui peut préjuger quelle route il se propose de tenir pour faire surgir au port le vaisseau de la monarchie? le devoir m'impose de ne pas énoncer des possibilités.

Le président Hénault, dont la vie s'est écoulée durant la première moitié du dernier siècle, cet historien qui par son existence politique avait été à même d'apprécier les intentions des philosophes, dont les opinions commençaient à dominer, dit à leur sujet : « Ils s'efforcent à détruire les croyances « religieuses des peuples ; puisse leur système ne « pas occasionner plus de maux que n'en a causés « l'empire du sacerdoce, dont ils se déclarent les « antagonistes ! »

Un des collaborateurs de l'*Année Littéraire*, écrivain de bonne foi, s'exprime ainsi : « Avant « l'invention de l'imprimerie les armes du men- « songe n'étaient pas aussi meurtrières ; on ne « peut se dissimuler qu'elle ne soit aujourd'hui « un des plus grands fléaux de la société. »

Tout ce que cette assertion renferme de judicieux se trouve malheureusement trop démontré depuis que l'imprimerie, servant également à la licence comme à la liberté de la presse, aide si puissamment à la propagation des idées les plus dangereuses.

L'ordonnance de Charles X prescrivant des mesures pour limiter la liberté de la presse avait pour motif de mettre un frein à un débordement que la justice s'était montrée dans l'impuissance de réprimer. A quelle pensée a-t-il fallu s'arrêter lorsque l'on a vu cet acte de prévoyance taxé de résolution illégale, *à laquelle le journal qui aurait la lâcheté de se soumettre ne mériterait pas de con-*

server un seul abonné. Assurément cet avis était révolutionnairement bien concluant; il était même impératif. Cependant, si l'on peut croire au dire général, un journaliste dont la feuille est rédigée maintenant sous l'influence d'un ardent novateur aurait fait sa soumission aux mesures prescrites, le jour même où parut l'ordonnance.

Eveiller les craintes de l'intérêt particulier pour mettre en mouvement les passions et égarer l'esprit public, est une tactique qui a été employée de tous les temps avec succès par les factieux, par les soutiens des révolutions. Aussi dans son écrit M. D.p..a. se glorifie-t-il d'avoir su mettre à profit ce moyen pour agir contre le pouvoir légitime. Il déclare : *Dès le mardi 27 les députés présens à Paris sont convoqués, ils se réunissent chez leurs collègues.*

Par quelle autorité cette convocation a-t-elle été consentie, qui l'a déterminée? C'est ce que l'écrivain n'a pas fait connaître. D'après ce silence on est forcé de s'arrêter au fait matériel. Ainsi l'on peut regarder comme constant que dès le mardi la révolution fut dirigée par une détermination constante quoique encore secrète.

La volonté d'opérer le mal peut aider à la faculté de l'entreprendre ; mais pour que l'action ne soit pas réputée condamnable de tout point aux yeux de la raison, encore faut-il qu'elle ait pour elle au moins une apparence suffisante de motif. Sur quelle disposition légale ou seulement morale les particuliers qui se réunirent le 27 se fondèrentils pour se reconnaître le *droit d'agir, sinon comme chambre, attendu leur petit nombre, du moins individuellement* comme *députés valablement élus?*

Mais dans quelle occurrence des députés seulement élus, ou même reconnus membres de la chambre, ont-ils un droit d'action individuelle? Quel article de la Charte alors existante leur conférait de telles attributions? On peut par une résolution hardie se constituer en comité de factieux; mais on ne peut former une réunion légale qu'en se conformant à la loi existante. Dans quel tribunal, même sous un régime exceptionnel, admettrait-on pour juger de la nature d'un fait un magistrat qui n'aurait pas satisfait aux premières formalités exigées pour en remplir les fonctions?

Il ne faut pas hésiter à le dire, tout ce qu'ont fait les particuliers qui se sont ingérés d'agir en qualité de députés contre le pouvoir du souverain, tout ce qu'ils ont décidé et mis à exécution après délibération, doit demeurer à toujours autant d'actes irréguliers qui leur impriment le caractère de factieux.

Si pour les générations existantes la force publique peut se faire un appui du pouvoir d'un gouvernement de fait; si les habitans d'un pays, parce que la religion le commande, que la morale l'exige, doivent soumission à tout système d'administration par cela seul qu'il est actuellement, il n'en résulte pas l'obligation formelle de se montrer l'approbateur d'actions qu'un sentiment d'ordre peut porter à condamner.

Ce n'est plus par la voie des armes qu'entre les Français les doctrines des opinions fausses et dangereuses doivent être combattues ; il faut pour triompher de l'esprit de parti faire naître la conviction générale par la solidité des raisonnemens, par l'ascendant des vrais principes.

D'après l'écrit de M. D.p.. a. il demeure constant que dans la réunion composée de certains députés il fut arrêté *que trois membres rédigeront un projet de protestation ou d'adresse* (on se réserva d'y donner un nom) *pour exprimer les sentimens de la réunion, et l'on s'ajourna au lendemain*. Ainsi les révolutionnaires se résolurent à prendre une attitude propre à aider au développement de leur système de révolution.

Cette protestation rédigée en forme fut approuvée et adoptée. Le rédacteur de ce document révolutionnaire est un des coryphées de la secte des philosophes ; il est terminé par cette phrase remarquable : *Si les soussignés n'exercent pas effectivement les droits et ne s'acquittent pas de tous les devoirs qu'ils tiennent de leur élection légale, c'est qu'ils en sont empêchés par une force majeure.* Cet acte fut imprimé dans plusieurs journaux. Le but était d'irriter les esprits, d'éveiller les passions, et se créer des enthousiastes.

Il faut bien le faire remarquer, la résolution révolutionnaire fut prise le 27, ce même jour où la révolte éclata. La protestation fut rendue publique le 28, époque où les scènes de fureur populaire se manifestèrent, et tandis que des commissaires choisis dans le sein de la réunion se présentaient à l'autorité pour imposer des conditions au souverain. Le 30, le fameux mot *il est trop tard*, qui n'est que l'expression des pensées collectives, fut prononcé.

Mais quels étaient donc les droits des élus députés? Le 27, quels devoirs pouvaient-ils prétendre remplir? étaient-ils autres que les admissibles à la chambre? n'était-ce pas la disposition de la loi qui seule leur opposait une force majeure.

M. D.p.. a. avance que M. le maréchal de Raguse n'accepta pas les conditions qui lui furent indiquées par une députation qui se rendit aux Tuileries, et qu'il dit *avoir été composée* de MM. *Gérard, Lobau, Lafitte, C. Périer, Mauguin.* Dans la déposition faite par le M. le maréchal Gérard devant la cour des pairs, cette assertion est démontrée erronée.

Il serait superflu de rappeler d'autres faits qui signalent les réunions qui eurent lieu du 27 au 30 chez M. Lafitte. Ces faits n'ont déjà reçu que trop de publicité. Sur quoi il importe de ramener l'attention, c'est sur cette péripétie marquante du drame révolutionnaire, et sur le soin que prend M. D.p.. a. pour en diminuer l'odieux en altérant la vérité.

Lorsque M. de Sussy, pair de France, étant porteur des ordonnances conciliantes du roi, se présenta le 30 à la réunion en séance chez M. Laff. un des membres de ce conciliabule prononça réellement cette déclaration intempestive : *Il est trop tard :* M. Laf. en a déposé au procès des ministres. L'écrit rapporte ainsi ce qui aurait eu lieu. *M. le comte de Sussy fut introduit ; il apportait trois ordonnances de Charles X ; l'une portait révocation de celle du 25 juillet, l'autre convoquait les chambres pour le 3 août, la troisième instituait un nouveau ministère, dont étaient appelés à faire partie MM. de Mortemart, Gérard et Casimir Périer :* MAIS IL ÉTAIT TROP TARD.

Combien est atrocement perfide cette réticence ! En changeant l'expression, elle dénature l'action, elle tend à verser le blâme sur le monarque, pour soustraire les vrais coupables à l'odieux d'un refus par trop séditieux.

Eh quoi ! pour ramener la paix au sein des familles, pour ajouter aux moyens de comprimer des révoltés dont trop de malheurs signalent les mouvemens, le monarque consent au sacrifice d'une attribution de son pouvoir ; il accède à des demandes formées tumultueusement depuis moins de vingt-quatre heures ; et des hommes qui froidement se sont refusés à de telles avances ne seraient pas reconnus les vrais fauteurs ! Ce sont eux seuls qu'il faut signaler au jugement ainsi qu'au ressentiment de la postérité.

Avant d'entrer dans l'examen des mesures qui ont été mises en usage par les conjurés pour opérer l'établissement d'un gouvernement nouveau, il est utile de démontrer dans combien d'erreurs tombe M. D.p.. a. lorsqu'il se hasarde à porter des décisions sur des sujets qui se rattachent soit aux lois anciennes, soit aux antiques usages de la monarchie.

Cet écrivain, voulant faire ressortir les avantages du système de gouvernement nouvellement établi, rapporte : *Enfin le mot sujet (après délibération expresse) fut retranché de la formule exécutoire adressée à la suite des lois aux agens du pouvoir exécutif et aux tribunaux... l'obéissance n'étant plus comme autrefois exigée à titre de vasselage, de servitude, de sujétion.*

Ces trois conditions n'ont jamais eu entre elles le moindre rapport.

Sans analyser ce que l'on doit entendre par un *homme vassal, un homme serf*, il est facile de démontrer dans quelle acception le mot de *sujet* doit être entendu. Loin que cette condition eût pris naissance, ainsi que le *vasselage*, à l'époque où le régime de la féodalité fut introduit dans nos lois, il est incontestable qu'elle se rattache au berceau de la monarchie. Sous la première race de nos rois, tous les Francs d'origine avaient droit à la qualification de *vir illustris*. Tous ils étaient sujets du roi ; seul, l'homme de la couronne.

Basnage, jurisconsulte estimé, s'exprime ainsi : « c'est fort improprement que quelques-uns usent « du mot de *sujets* au lieu de vassaux ; il n'y a que

« le roi qui ait des sujets. » Furetière donnant la définition du mot *sujet* dit : « Autrefois des seigneurs « appelaient abusivement *sujets* tous ceux qui te« naient d'eux quelques fiefs ou terres qui leur de« vaient une redevance. » Il y a des devoirs réciproques des *sujets* envers les princes, et des princes envers les *sujets* : les rois ont des *sujets*, ils n'ont point de parens.

Bodin, dans son livre premier de la république, démontre la différence qui doit être établie entre le *vassal et le sujet*. « On peut être le vassal d'un « souverain dont on n'est point *le sujet naturel*. Le « *sujet naturel* est celui qui soit vassal, ou censier, « ou tient terres féodales ou roturières, ou qui n'a « ni feu ni lieu, et néanmoins est justiciable et « *sujet* de son prince au pays duquel il est natif. » Il ajoute : « Il est nécessaire de faire cette dis« tinction pour ôter la confusion que plusieurs « font du *sujet avec le vassal*. Le simple vassal ne « doit prêter le serment à son seigneur qu'une fois « en sa vie ; encore y a-t-il tel vassal qui n'est « jamais tenu de prêter serment. Mais le sujet « quel qu'il soit est toujours tenu de prêter serment « toutes fois et quand qu'il plaira à son prince, ors « quoiqu'il ne fût ni vassal ni censier, ou qu'il fût « évêque sans aucun temporel. »

Les grands vassaux de la couronne pouvaient se former des vassaux ; mais il ne leur était pas loisible de se créer un sujet. « La prérogative « d'accorder des lettres de naturalité dans son

« royaume est une prérogative toute royale ; « ainsi Louis XI le fit connaître à François II, duc « de Bretagne, qui usurpait le droit de naturaliser « un étranger dans le pays de son obéissance. »

Supprimer la qualification de *sujet* dans un état monarchique, c'est vouloir détruire cette différence qui doit exister pour le droit de protection et de liberté individuelle entre le natif et l'étranger.

Un des premiers faits de la puissance agissante au 8 août a été de détruire les anciennes armes de France. *Par suite d'une délibération prise sous cette date au Palais-Royal, elles cessèrent de former le sceau de l'état; et les armes d'Orléans ne restèrent plus que comme les armes particulières des princes de cette maison.* Ainsi le rapporte M. D.p.. a.

Par une telle résolution, les moteurs de la révolution de juillet se sont montrés les imitateurs de ces ligueurs dont ils ont exhumé plus d'un projet, plus d'un système. C'est ce dont on est à même de se convaincre si l'on compulse les documens de cette trop malheureuse époque. Mais ce qui doit marquer d'un sceau particulier les auteurs du dernier bouleversement, c'est cette précaution qui a été prise par chacun des partis, pour dévoiler d'une manière remarquable le but qu'il se proposait.

Le parti des philosophes fait briser les croix, celui des républicains fait effacer les fleurs de lis, les emblèmes, les attributs de la couronne. Les napoléonistes arborent d'abord au forum le drapeau dit national armé d'un crêpe, voulant donner à connaître à tous qu'ils sont en mouvement pour obtenir le retour du gouvernement impérial.

L'écusson de la couronne de France ne présente pas les armes d'une famille. Les fleurs de lis sont la propriété honorifique de la couronne; elles ont été conservées par les princes des trois dynasties parce qu'elles sont le signe distinctif des Français.

D'après un usage dont l'origine remonte à la plus haute antiquité, les peuples ont admis de se distinguer les uns des autres par des signes particuliers. Pasquier, dans ses recherches, dit: « C'a « toujours été une coutume familière à toute nation « d'avoir eu quelque image pour avoir en temps « de guerre une enseigne sur laquelle puissent se « rallier les gens d'armes... Les anciens annalistes « se montrent incertains sur les signes adoptés par « les premiers Francs; mais tous s'accordent à re- « connaître que Clovis lors de son baptême se fit « apporter par un ermite comme par avertissement « du ciel les fleurs de lis, lesquelles se sont con- « tinuées jusqu'à nous. »

L'assertion que ces fleurs de lis furent apportées par un ange est une fable inventée à dessein. Ni Grégoire de Tours, ni Foloard n'en font mention. Si l'on réfléchit que Clovis reçut le baptême huit jours avant Pâques, temps qui correspond à la fin de mars, on reconnaîtra que l'on pouvait considérer au moins comme un phénomène de la nature de voir alors des lis fleuris.

Lorsque Clovis naquit au christianisme, quoiqu'il fût converti, il restait encore imbu des idées de croyance en ses faux dieux. De son temps c'était une opinion religieuse admise parmi les païens, que Junon avait changé la couleur des lis pour en faire don à Hercule (à ce que rapporte Natalis). Plusieurs raisons purent donc porter le monarque des Francs à adopter les lis, à les placer sur ses étendards comme le signe de son armée, la portion des troupes emmenées par Ragunaire ayant conservé l'ancien signe.

Ce fut à l'époque de son baptême que Clovis fonda dans les Gaules la monarchie des Francs. Jusqu'alors ces pays, qui avaient été conquis par les Romains, leur étaient encore en grande partie soumis. Chaque peuple des trois Gaules avait son signe militaire ; ceux de la Belgique, qui s'étaient réunis aux Francs, portaient « un lion serpenté, « accoulant et entortillant de sa queue un aigle « par le col. »

Ceux de la Gaule celtique avaient pour signe « le coq becqué, membré. » Les Celtes avaient été long-temps tributaires des Romains; ils ne s'étaient pas encore entièrement affranchis d'acquitter le tribut : cette raison était suffisante pour empêcher Clovis d'adopter le coq pour signe militaire ; elle dut même empêcher que les Celtes ne le conservassent. Le monarque conquérant préférait que l'on prît ces Gaulois pour des Francs, *hommes libres*, à laisser confondre les Francs avec des Gaulois tributaires.

De quel droit quelques Français *réunis en conseil* ont-ils pu prendre une résolution, arrêter une décision impérative, pour priver la couronne de ces armoiries, de ce signe dont elle est en possession depuis plus de quatorze cents ans? L'article 71 de la charte de 1814, article conservé par la charte de 1830, porte : « La noblesse ancienne « conserve ses titres, la nouvelle garde les siens. » La couronne, les villes, ont donc le droit de conserver les figures distinctives de leur écusson ; ce sont des titres honorables.

Le jurisconsulte qui a été en quelque sorte *le notaire de la grande transaction politique, afin que tout fût régulièrement exprimé en termes de droit*, *qui porte principalement :* les lis ne resteront plus que les *armes particulières de la maison d'Orléans*, aurait-il omis avec intention d'insérer dans cet acte quels doivent être à l'avenir les signes du sceau de l'état, quels doivent être les signes du prince *qui n'a pas hérité des armes dites de France?* Cependant les Français ont un intérêt direct d'en être instruits. Une loi promulguée sous la date du 26 février dernier est terminée par cette formule : « et afin que ce soit chose stable et à toujours, « nous y avons fait mettre notre sceau. » Au pied est écrit : Vu et scellé du grand sceau de l'état. Par quelle loi, par quelle ordonnance le signe royal, le signe de l'état, qui ne sont plus une seule et même authentique, ont-ils été déterminés?

Véritablement il est impossible que la raison, si elle reste dégagée de toute prévention, puisse trouver la moindre régularité dans l'ensemble des faits qui ont rempli l'époque du 30 juillet au 9 août. Pour le prouver il suffit d'en citer les principaux traits puisés dans le tableau qu'en trace M. D.p.. a.

Le 30 juillet, des élus des départemens se constituent de leur autorité privée *chambre des députés*. Cette chambre formule une résolution qui appelle le duc d'Orléans *à exercer les fonctions de lieutenant-général du royaume*. Le prince, arrivé dans la nuit du 30 au 31, dicte à M. D.p.. a. une proclamation qui finit par ces mots : *la Charte désormais sera une vérité*. Cette proclamation est rédigée, sa publication arrêtée avant même l'instant *où la commission de la chambre fut introduite, et qu'elle remit au duc d'Orléans la délibération de la veille*. Ce même jour 31, une portion de la chambre, ayant à sa tête *ses trois premiers vice-présidens* (Lafitte, B. Delessert, Dupin aîné), *se rend avec le prince à l'Hôtel-de-Ville*. Ce cortége y trouva établie *une commission qui, ne prenant conseil que de son zèle, avait un peu étendu ses attributions. Au lieu de rester simplement commission municipale, titre sous lequel elle avait été instituée* (l'écrivain ne dit pas par quel pouvoir), *elle avait pris le titre de commission du gouverne-*

ment. Elle avait même pris sur elle, le 30 juillet, de nommer un ministère. Tout cela devait disparaître devant les attributions conférées par la chambre au lieutenant-général. Désormais le gouvernement était non plus à l'Hôtel-de-Ville, mais au Palais-Royal. Ainsi des députés se constituent gouvernement. Leur pouvoir est brisé par d'autres députés qui s'ingèrent de nommer un lieutenant-général du royaume.

Charles X, *le 1er août dans la soirée, en adressant au duc d'Orléans son* abdication et la renonciation du dauphin, *lui confère le titre de lieutenant-général du royaume.*

Cet énoncé est évidemment fallacieux; la lettre du roi, mentionnant son abdication ainsi que la renonciation du dauphin, ne porte pas la date du premier, mais bien du 2 août; elle fut apportée par le lieutenant-général de Foissac-la-Tour: elle ne fut remise au prince qu'à onze heures du soir.

M. D.p.. a. avance qu'à la *réception de ce message, le duc d'Orléans ne donna pas dans le piége, qu'il écrivit, de sa propre main, au roi Charles X, une lettre dans laquelle il accusait simplement réception des deux abdications, mais où il établissait qu'il était lieutenant-général par le choix de la chambre des députés.* Cette lettre du prince ne se trouve pas classée parmi les pièces historiques; cependant, si elle a été écrite, si elle contient réellement la déclaration citée, elle doit être réputée un document intéressant. Mais en admettant pour vrai le fait rapporté, cette lettre offrirait au moins une contradiction. Comment le duc d'Orléans aurait-il pu écrire, dans la nuit du du 1er au 2, qu'il était lieutenant-général par le choix des chambres? Dans les circonstances où le prince se trouvait, il pouvait accueillir le vœu de certains députés, mais il ne pouvait pas constater qu'il reconnût la chambre comme pouvoir, puisque, par une ordonnance rendue par lui en sa qualité de lieutenant-général, les chambres ne furent convoquées que pour le 3.

Au même instant le sort de Charles X se décidait par d'autres actes plus explicites. Des commissaires de la chambre des députés lui avaient été envoyés, le 2 août, pour lui offrir de protéger sa retraite et celle de sa famille hors du royaume. Il avait repoussé leur intervention. Mais le peuple, qui ne voulait pas que la question demeurât longtemps indécise, fit, le 3 août, ce qu'on a depuis appelé le mouvement de Rambouillet.

Comment, en écrivant ces assertions, M. D.p.. a. n'a-t-il pas fait attention qu'il existe un document qui démontre combien elles sont hasardées et inexactes?

Ce même jour 3, MM. les commissaires envoyés près du roi écrivent au lieutenant-général : « Monseigneur, c'est avec bonheur que nous vous annonçons le succès de notre mission; le roi se détermine à partir avec toute sa famille. »

Combien il est facile de démontrer que l'imputation *relative au mouvement sur Rambouillet*, attribuée aux habitans, est peu fondée! La population de Paris était dans un tel état de stupéfaction de tout de ce qu'elle voyait, de tout ce qu'elle ne comprenait pas, que, pour la ramener à des idées de confiance, la commission municipale avait rendu, le 31, une ordonnance pour révoquer la défense donnée de laisser sortir personne de Paris. Ce furent des bandes de racailles agglomérées qui se portèrent spontanément, plusieurs jours avant le 3, sur Saint-Cloud. L'ordre pour diriger des forces sur la résidence royale fut mis à exécution même avant qu'il fût donné. Il serait superflu de s'appesantir sur les détails de toutes ces propositions produites, de toutes ces résolutions arrêtées dans les journées qui se succédèrent depuis l'ouverture des chambres jusqu'au 9 inclusivement : ce qu'il suffit de tenir pour certain, c'est que les factieux se montrèrent si enivrés de leur propre exaspération, qu'ils s'imaginèrent avoir en eux-mêmes le droit de renverser, en deux fois vingt-quatre heures, un trône affermi par quatorze siècles de durée, pour y substituer *un gouvernement convenu, et fondé sur un engagement pris de bonne grâce.*

M. D.p... a. dans une note ajoutée aux récits insidieusement élaborés qu'il fait des diverses épisodes de la révolution dans laquelle il a joué plus d'un rôle marquant, cite une lettre que le duc de Bourbon aurait écrite au duc d'Orléans le 8 août, veille de la séance royale. Dans cette lettre le prince exprime d'abord *son regret de ce que sa mauvaise santé ne lui permettait pas d'y assister*. Cette forme épistolaire n'est que l'expression d'une honnête défaite; mais l'écrivain y voit la pensée d'un regret explicitement manifesté. Il tire avec complaisance d'un acte de bienfaisance exercé envers des malheureux blessés une conséquence indicative.

Plein du dessein de montrer toutes les intentions d'accord avec les siennes propres, il interprète à l'avantage de ses opinions cette déclaration : *Je vous écris, monsieur, comme au lieutenant général du royaume; demain je serai de cœur avec vous, et vous trouverez toujours en moi un sujet aussi fidèle que dévoué*.

Combien il faut avoir l'habitude de donner aux mots de fausses interprétations, suivant que le peut réclamer la cause que l'on veut servir, pour croire qu'il soit possible de parvenir à présenter sous un jour équivoque les pensées d'un Condé. M. D.p.. a. n'a donc pas réfléchi que l'homme vertueux dont il veut faire un révolutionnaire s'est montré toute sa vie Français, aussi loyal que vrai preux; qu'il était dévoué de cœur et d'âme au prince qui depuis six ans était son roi, et l'avait habitué pendant plus de soixante ans à le nommer son ami. A ces vérités doivent se borner les réflexions au sujet de cette lettre du vieillard vénérable issu du même sang que nos rois, au sujet d'un malheureux prince descendu dans la tombe par suite d'un événement qui, dégagé des suppositions de la possibilité, ne peut échapper au jugement de la divinité.

Si le duc d'Orléans a communiqué ostensiblement la lettre du duc de Bourbon, assurément le L. G. a aussi donné connaissance à plusieurs de sa lettre au duc de Bourbon ; pourquoi donc s'abstenir d'en faire mention? En publiant l'une et l'autre dans le même écrit, c'était fournir un moyen irrévocable d'apprécier et les intentions et les motifs.

On serait porté à croire que M. D.p.. a. n'a pas approfondi toutes les parties du sujet qu'il a eu la prétention de traiter. Il n'a pas senti les conséquences des interprétations qu'il tire et se hasarde à donner de la conduite des *légitimistes*. Il se méprend sur ce qui tient à la religieuse observation des principes, il le confond avec le mouvement des passions désordonnées. C'est ainsi qu'il donne aux *légitimistes* la dénomination d'hommes à esprit de parti. Cette erreur ne peut demeurer son idée favorite que par suite du désir immodéré dont il se montre tourmenté de faire prévaloir les opinions fausses qu'il a adoptées et qu'il veut propager.

Les légitimistes sont ceux qui veulent la conservation et la durée du pacte fondamental. Ce sont ceux qui, sans distinction des personnes, soutiennent que le prince parvenu au trône en vertu de la loi fondamentale est le monarque de droit, et qu'un prince placé par une faction à la tête de l'état peut le gouverner, mais ne peut être réputé roi légitime.

Les générations qui entrent successivement dans l'existence d'une nation ne sont jamais maîtresses du sort de la durée du pacte social, ni ne sont propriétaires du droit de changer la loi fondamentale de l'état. Elles possèdent pour tirer avantage de la possession, mais elles ne peuvent pas détruire. Elles sont tenues à transmettre à leurs successeurs ce qui leur a été légué par les générations qui les ont précédées. Sous ce rapport, elles ne sortent jamais de la condition obligatoire. Le pacte fondamental est le principe de la vie collective; le rompre amènerait nécessairement la dissolution du corps social. . . . .

Tous les publicistes qui ont écrit sur le droit politique de France, *Gerson*, *Coquille*, *Chopin*, *La Rochefoucauld*, *Le Bret*, *Dupuis*, sont d'accord sur ce principe si bien expliqué par *Bodin*: « Quant aux lois qui concernent l'état du royaume « et de l'établissement d'y celui, d'autaut qu'elles « sont annexées et unis avec la couronne, le prince « ne peut y déroger; quoi qu'il fasse, toujours le « successeur peut casser ce qui aura été fait au « préjudice des lois royales, et sur lesquelles est « fondée et appuyée la majesté souveraine. »

Le droit politique d'une nation se perpétue, dit Montesquieu. « Il se perpétue par l'obligation où « les hommes sont de maintenir les lois du pacte « social. Leur serment ne peut engager à tenir ce « qui est reconnu vraiment nuisible, ou seulement « préjudiciable. »

Que M. D.p.. a. fasse abstraction des temps, qu'à l'aide de documens historiques il se reporte à cette époque où des événemens semblables à ceux dont la France est témoin eurent lieu, sous la seconde race de nos rois: des factieux, ayant détrôné leur roi légitime, voulurent disposer de la couronne ; d'abord il la donnèrent à Robert, qui fut reconnu pour roi à Reims. Après ce prince, qui fut tué d'un coup de lance à la bataille de Soissons, ils en firent possesseur Raould de Bourgogne, qui gouverna depuis 923 jusqu'à 931. Robert est-il compté au rang de nos rois ? Raould a-t-il formé une dynastie? Son frère qui lui succèda au duché de Bourgogne a-t-il été reconnu héritier de la couronne? Pendant la durée de la prison de Charles jusqu'à sa mort en 929 n'a-t-on pas continué à supputer les dates par les ans de son règne? Louis d'Outre-Mer n'a-t-il pas succédé à son père d'après la loi fondamentale de la monarchie?

Pour quel Français compte le règne du cardinal de Bourbon?

Que l'on accumule les causes, les motifs de la révolution de juillet, qu'on les soumette aux hommes doués d'une âme religieuse, à ceux d'un esprit susceptible d'un sentiment de justice ou d'équité, tous également condamneront ce qui a été fait ; ils diront tous que l'action ne peut être justifiée au préjudice du droit légitime.

En rendant les ordonnances du 25 juillet, Charles X usa d'un droit qu'il tenait de la loi.

L'article 14 de la charte n'avait point été contesté par aucune des branches de la puissance législative. Durant quinze ans les membres d'*une opposition intelligente et éclairée* n'en avaient fait dans aucune circonstance un point essentiel de leurs objections. Les colléges électoraux n'insistaient point sur son abolition, aucune pétition soit collective, soit de particuliers, ne réclamait contre. Si durant seize ans cette disposition d'une loi avait eu force dans l'état, en admettant même qu'elle prêtât à un sens trop rigoureux, quel corps pouvait s'ingérer d'interdire au monarque de l'interpréter, et à son conseil d'en tirer avantage comme moyen préventif? Qui oserait dire que le gouvernement ne se trouvait pas alors dominé par des circonstances impérieuses? Le souverain n'avait-il pas à lutter contre les menées du comité directeur? La liberté de la presse n'était-elle pas poussée jusqu'à la licence? L'esprit de parti ne manifestait-il pas les intentions les plus hostiles? Dans toutes les branches de l'administration publique ne se trouvait-il pas des conjurés? Dans les rangs supérieurs de l'armée n'existait-il pas des partisans des révolutions? Jusqu'au pied des marches du trône ne s'avançait-il pas des traîtres? Le prince devait-il se montrer peu frappé de la situation publique de l'état? Le monarque ne devait-il pas à sa couronne, à son peuple de se faire un appui de la loi, pour se montrer fort contre le désordre?

Par la nouvelle charte cet article 14 de l'ancienne

a été annulé ; de ce seul fait découle la conséquence qu'avant le droit était positif.

En opposition à cette faculté émanée de la loi et reconnue régulière, que peuvent produire les révolutionnaires pour justifier leur conduite attentatoire? Ils puisent dans les événemens qu'ils ont fait naître l'impérieuse mesure de *la nécessité*. Pour convaincre par un tel sophisme, qu'ils indiquent donc quelle forme de gouvernement serait possible et pourrait résister s'il demeurait exposé à tous les dangers d'un tel système.

Mais à quelles pensées utiles peuvent se rapporter les intentions des factieux? Ils ont agi sans droit, ils se sont faits en même temps les suppôts de la discorde, les avocats de leurs propres méfaits, les seuls juges de leurs actions criminelles. Ils osent avancer, ils osent dire, ce n'est pas nous qui sommes les vrais coupables, ce n'est pas à nous qu'il faut imputer l'acte de déloyauté. M. D. p.. a. qui, dans ces jours de malheur, s'est montré propre à jouer tant de rôles différens, n'hésite point à écrire : *C'est Charles X qui s'est insurgé contre les lois. Il a méprisé les avertissemens de la presse; il n'a point voulu écouter la voix des représentans de la nation; il a cherché, il a trouvé des ministres faibles, ambitieux ou fanatiques, disposés à lui obéir et à suivre ses desseins* QUAND MÊME; *il a foulé aux pieds le pacte fondamental, il a aboli les lois et les libertés publiques, il s'est parjuré.*

Combien sont odieuses ces imputations, à quel point elles se montrent empreintes du fiel d'une prévention calculée. Serait-il donc vrai que pour l'âme enivrée de ses propres erreurs flétrir l'homme vertueux est un besoin.

C'est Charles X qui s'est insurgé contre les lois. Durant les six années de son règne, il n'a établi aucun tribunal d'exception. La loi de la septennalité, celle de l'institution des grands colléges, ces modifications apportées à la charte, ont été l'ouvrage de son prédécesseur. *Il a méprisé les avis de la presse.* A son avènement au trône la censure existait contre les ouvrages périodiques, le premier usage de son pouvoir a été pour abolir cette mesure. Alors on a vu les feuilles rédigées sous les influences les plus dangereuses abuser de la liberté accordée, et par la nature des conseils que chacune d'elles s'ingérait à donner mettre bien réellement dans l'embarras du choix. *Il n'a pas voulu écouter les avis des représentans de la nation.* L'article 25 de la charte de 1814 ne donne que « le titre de « députés des départemens aux membres de la « chambre des députés. » Par l'article 24, « la « chambre des pairs est une portion essentielle de « la puissance législative. » Les pairs ont toujours concouru par leur assentiment aux mesures prises par le gouvernement du roi. Quels avis Charles X s'est-il donc refusé à écouter? *Il a cherché, il a trouvé des ministres faibles, ambitieux, fanatiques,* les Roy, les Chabrol, les Courvoisier, les Martignac, les Saint-Cricq, les Hyde-de-Neuville, les Renneval prouvent contre l'exagération de cette assertion. *Il a foulé aux pieds le pacte fondamental, il a aboli les libertés publiques.* De son propre mouvement et par une généreuse condescendance il a rapporté, deux fois vingt-quatre heures après leur publication, des ordonnances rendues suivant délibération de son conseil, et déterminées par la gravité des circonstances. *Il s'est...* mais pourquoi reproduire un blasphème.

Honni soit quiconque se targue de son mérite pour faire outrage à l'honneur de son roi! honni soit-il! la calomnie est dans sa bouche, la perfidie nourrit son cœur.

Le grand crime que les hommes à esprit de parti reprochent à Louis XVIII et à Charles X c'est d'être revenus en France ramenés par les armées étrangères. Cette circonstance, prononcent-ils, doit rendre à jamais ces princes et leur famille anathèmes. Mais aux yeux même de ceux qui provoquent au ressentiment, l'inculpation peut-elle se montrer fondée? Il est un fait incontestable et qui reçoit toute sa force de la nature même des évènemens auxquels il se rattache. Loin que les Bourbons soient rentrés en France sous les auspices des drapeaux étrangers, ce sont eux au contraire qui par la prépondérance de leurs droits ont arrêté sur le territoire de France la marche des armées envahissantes. Ce sont eux qui, par l'empire de cette force morale que les siècles ont procurée à leur dynastie, ont, en sauvant leur patrie, rendu le pays à l'Europe. Ce sont eux qui ont porté les souverains opprimés par de trop injustes agressions à accepter avec empressement cette garantie que le roi légitime de l'antique monarchie leur donnait de la conservation de leurs trônes, qu'ils avaient vus si fortement ébranlés. Qui oserait soutenir, qui entreprendrait de prouver qu'en 1814, lorsque Paris fut occupé par des forces ennemies, la France aurait encore pu se ménager un avenir prochain de triomphe et de gloire. Qu'on lise l'ouvrage de monsieur le comte de Ségur; que l'on se pénètre de cette déclaration d'un des chefs militaires indiquant la cause des revers, ce général n'hésite pas à les attribuer à cette faute commise par les faux calculs d'une ambition aussi démesurée que peu réfléchie, d'avoir voulu asservir l'Europe depuis le golfe de Cataro jusqu'aux lagunes de la Néva. Que l'on s'instruise des rapports des officiers commandans des corps de troupes chargées d'assurer la défense des positions les plus importantes. Que l'on reporte sa pensée sur cette nécessité à laquelle le gouvernement d'alors était réduit d'enlever à l'agriculture, au commerce, aux villes, jusqu'aux enfans de quinze ans. Que l'on réfléchisse, et que l'on prononce avec impartialité. Les générations à venir, exemptes des passions révolutionnaires, reconnaîtront tout ce que Louis XVIII a fait pour conserver ce trône antique, dont le premier bienfait fut de procurer la liberté à tant de peuples asservis depuis trop long-temps sous le joug des Romains. Elles apprécieront le service inespéré que Charles X a rendu aux nations commerçantes, en leur ouvrant les routes de l'Atlas, et en forçant les pirates de l'Afrique à se ranger sous les lois de la civilisation.

Les Français tiennent trop à gloire les avantages qu'ils possèdent par eux-mêmes pour qu'ils puissent consentir à se montrer imitateurs d'autres nations.

C'est donc dans les seules annales de la monarchie qu'il est permis de puiser ces documens, qui doivent fournir la preuve que l'état de choses actuel, en ce qui se rapporte à la forme du gouvernement, ne peut subsister, ne peut être réputé légalement fondé.

« La loi du 31 août 1830 a fixé, par son article « premier, la formule du serment politique que « doivent prêter les fonctionnaires publics dans « l'ordre administratif et judiciaire. Le même ar- « ticle ajoute qu'il ne pourra être exigé d'eux au- « cun autre serment, si ce n'est en vertu d'une loi. « Le but de cette disposition a été d'abroger toute « autre formule de serment, et faire jurer autre « chose que *fidélité au roi des Français, obéis- « sance à la Charte constitutionnelle et aux lois « du royaume.* »

Ces dispositions ont été reconnues légales, elles ont été énoncées dans un réquisitoire fait tout récemment à la cour de cassation. Il demeure donc incontestable, que les anciennes LOIS DU ROYAUME sont encore subsistantes, et qu'envers tout Français elles conservent l'empire de leur antique institution.

Montesquieu démontre l'avantage que les lois anciennes doivent conserver sur les nouvelles : « *Les institutions* anciennes sont des conventions, « les nouvelles sont des abus. » Ainsi le déclare ce publiciste, philosophe, mais non révolutionnaire.

Point d'état sans lois fondamentales, point d'existence de peuple, dont la durée soit possible, sans la religieuse observation du pacte social. « C'est le maintien de ces lois, établissant le rap« port qu'ont ceux qui gouvernent avec ceux qui « sont gouvernés, qui fonde le droit politique. »

Aspirant surtout à démontrer combien les actes consacrés par la révolution de juillet répugnent à ces lois du royaume, il convient de faire naître la conviction par le pouvoir des décisions de nos annalistes les plus accrédités, tels que Dutillet, Dupuis; l'un et l'autre rapportent cette disposition : « La couronne est la possession de la famille « régnante, le droit est successif. Elle ne peut être « transportée aussi long-temps qu'il existe un « membre de cette famille, à tel degré qu'il soit, « en ligne masculine, légitime, directe. »

Depuis l'établissement de la monarchie, ce principe a constamment triomphé des séditions qui ont troublé momentanément l'état. L'arbre de la légitimité a poussé des racines sur la terre des Francs, même avant la croix du christianisme.

Combien d'efforts hasardés pour détruire le pacte social ont été tentés depuis Louis VIII seulement. Tous sont demeurés infructueux. Blanche de Castille, régente pendant la minorité de son fils Louis IX, (S. Louis) « se voit réduite à lutter « contre des factieux, qui donnent un chef « (Raould de Coussi) pour l'élever ensuite à la « royauté, se déclarant électeur du royaume. » La régente par ses soins, avec le concours de ses sujets restés fidèles, contraint les factieux à rentrer dans le devoir; Louis IX est reconnu comme seul ayant droit à la couronne en vertu des lois du royaume, du principe de la légitimité.

Lors de l'avènement de Philippe de Valois, qui était au septième degré de parenté à son prédécesseur Charles-le-Bel, la couronne lui fut disputée par Edouard, roi d'Angleterre, qui par sa mère descendait de Philippe-le-Bel. Pour soutenir ses prétentions, Edouard entre en France à la tête d'une puissante armée, pousse ses ravages jusqu'aux portes de Paris. Malgré la situation malheureuse de la patrie, les états-généraux assemblés en 1329 RENDENT ARRÊT par lequel le royaume de France était adjugé à Philippe de Valois en vertu de la loi fondamentale. Il est important de remarquer que les auteurs les plus anciens qui ont rapporté cet événement ont tous également adopté cette définition : LES ÉTATS RENDENT ARRÊT, ce qui donne la preuve que les états-généraux avaient la faculté de juger pour assurer le maintien des lois du royaume, mais qu'il n'était pas dans leur puissance de les annuler. Boulainvilliers fait sur ce sujet cette réflexion : « Bien en prit à « Philippe de Valois que les droits du premier « corps de l'état ne fussent pas encore altérés ni « méconnus, puisque si les juristes et les canonistes « en avaient été crus, la couronne de France aurait « indubitablement passé au roi d'Angleterre. »

Si des séditieux réunis à Troyes en 1420, prenant le titre d'états du royaume, osèrent déclarer le dauphin déchu de ses droits à la couronne, si deux princes anglais occupèrent le trône durant quelques années, se tenant forts de la ville de Paris, qui dans ces circonstances se montra rebelle ; ces deux princes ont-ils pris rang parmi nos rois, ont-ils formé une dynastie? Le dauphin, devenu Charles VII par la mort de son prédécesseur, son père, n'a-t-il pas dû être reconnu comme l'unique héritier du trône, le seul ayant droit de succession à la couronne de France. M. D. p.. a. entreprendrait-il de démontrer que les quarante ou les deux cent vingt-un particuliers assemblés à Paris en 1830, et qui ont commis un attentat contre les lois du royaume, ont aussi pu exercer un droit plus réel que celui que s'arrogèrent les quinze cents factieux réunis à Troyes.

En retraçant ces événemens on ne peut s'empêcher de s'arrêter à des faits qui prêtent à des réflexions bien différentes. Ce fut par le gain de la bataille de Beaugé, donnée sous le commandement du maréchal de La Fayette contre le duc de Clarence, en 1421, que le dauphin commença à soutenir ses droits; c'est par les menées révolutionnaires d'un descendant de ce maréchal qu'un roi, un dauphin, un prince de la branche royale, sont bannis du royaume, déclarés déchus de leurs droits respectifs à la couronne.

Les documens historiques ci-rapportés forment témoignage que le principe de la légitimité ne s'appuie pas sur de simples assertions, mais bien réellement sur des preuves qui ont force de vérités. Pour mettre M. D.p.. a. et ceux qui partagent ses opinions politiques dans l'impossibilité de combattre avec succès contre ce que la raison tient pour évident, nous nous faisons un devoir de reproduire une résolution prise dans des circonstances analogues à la situation actuelle de l'état.

L'assemblée de la ligue, s'étant déclarée états généraux du royaume, pour priver Henri IV de son droit à la couronne, voulut procéder à l'élection d'un roi prince catholique et français. « Le « parlement de Paris, jugeant devoir interposer son « autorité dans une affaire de cette importance, « toutes les chambres assemblées (les pairs y sié- « geant), donna le 28 juin 1593 l'arrêt qui s'en- « suit : *Sur la remontrance cy-devant faite par le « procureur-général du roi, et la matière mise en*

« *délibération ladite cour, les chambres assem-*
« *blées, n'ayant comme elle n'a jamais eu d'autres*
« *intentions que de maintenir la religion catholique,*
« *apostolique, romaine, et l'état et la couronne de*
« *France sous la protection d'un roi très chrétien,*
« *catholique et Français, a ordonné et ordonne que*
« *remontrances seront faites* cette après-dînée *par*
« *M. le président Lemaître, assisté d'un nombre*
« *de conseillers de ladite cour, à M. le duc de*
« *Mayenne, lieutenant-général de l'état et cou-*
« *ronne de France, étant de présent en cette ville,*
« *à ce qu'aucun traité ne se fasse pour transférer*
« *la couronne en la main d'un prince ou princesse*
« *étrangers. Que les lois fondamentales de ce*
« *royaume soient gardées, et les arrêts donnés par*
« *ladite cour pour la déclaration d'un roi catho-*
« *lique et français exécutés, et qu'il ait à employer*
« *l'autorité qui lui a été commise pour empêcher*
« *que sous prétexte de la religion la couronne ne*
« *soit transférée en mains étrangères contre les*
« *lois du royaume, et pourvoir le plus promptement*
« *que faire se pourra au repos du peuple pour*
« *l'extrême nécessité en laquelle il est réduit, et*
« *néanmoins, dès à présent, ladite cour a déclaré*
« *et déclare tous traités faits et à faire ci-après*
« *pour l'établissement d'un prince étranger ou puis-*
« *sance étrangère nuls et de nul effet et valeur,*
« *comme faits au préjudice de la loi salique et*
« *autres lois fondamentales du royaume.*

« L'arrêt susdit ayant donc été résolu avec un

« merveilleux consentement de toute la cour, et « tous ayant protesté de mourir plutôt que de se « rétracter, le même président Lemaître, assisté de « vingt conseillers, alla trouver le duc de Mayenne « à l'hôtel de Nevers à une heure après midi. Le « président, après avoir discouru du motif de la « cour à les maintenir, conclut par ces mots : *Et « partant, Monsieur, la cour m'a donné charge de « vous dire qu'elle a cassé et casse tout ce qui s'est « fait et se fera ci-après en l'assemblée des états « contre la loi salique et les lois fondamentales du « royaume.*

« Le duc de Mayenne ayant témoigné qu'il « s'offensait de leur franchise, tous lui ayant parlé « avec un sentiment français, Molé (procureur « général) lui dit particulièrement ces mots : Ma « vie et mes moyens sont bien à votre service, « *mais je suis vrai Français, né Français, et mourrai « Français.* »

Cet arrêt, qui contribua si puissamment à conserver la couronne à Henri IV, héritier légitime du trône, ne contient-il pas la condamnation de tout ce qui a été fait en 1830, de tout ce que les révolutionnaires ont osé? N'annule-t-il pas ces décisions prises contre droit et raison. Aux termes de cet arrêt, que les états de la ligne n'osèrent enfreindre, sont-ce les légitimistes ou les révolutionnaires qui doivent être déclarés les perturbateurs du repos public? Quels sont les vrais auteurs des malheurs de la France? Qui a détruit cette prospérité croissante et qui était si profitable surtout à la capitale du royaume? Contre qui la prostérité dèvra-t-elle prononcer anathème?

La mémoire des Lemaître, des Duvair, des Molé, est et sera toujours révérée; les noms des ligueurs sont en horreur ou tombés dans l'oubli.

Si l'on observe avec calme la marche de l'esprit public, on peut aisément reconnaître que la situation morale qui domine dans toutes les classes tend généralement à ramener les Français au principe de la légitimité. Cette révolution de 1830, *qui a été si féconde en heureux résultats, cette révolution qui a rétabli les lois, qui fait renaître l'ordre public à sa voix, qui a soutenu le crédit, conservé la paix*, elle est maintenant jugée. Elle a produit tout ce qu'elle pouvait produire, son impuissance pour opérer le bien demeure manifeste. La grande majorité des Français la repoussent; les colléges électoraux sont-ils convoqués pour élire un député, plus de la moitié des électeurs s'abstiennent de prendre part à l'élection. Les conseils-généraux sont-ils réunis, leurs délibérations fournissent autant de preuves de leur éloignement à concourir au maintien de systèmes qui répugnent à des âmes consciencieuses.

Que de pères de famille réclament un ordre de choses qui rende l'avenir moins incertain! Combien le commerce soupire après le retour de cette situation de confiance qui prenait sa source dans le principe de la légitimité! Combien n'en est-il pas de ceux qui peuvent se considérer comme les premiers instigateurs de cette révolution, qui voudraient pouvoir revenir sur le passé ! Combien de ces deux cent vingt et un signataires de l'adresse, qui voudraient pouvoir annuler cet acte destiné à perpétuer la preuve de leur erreur et à entacher leur nom.

Non, ce n'est point avancer une allégation séditieuse et mensongère de dire que les Français, à la presque unanimité, partagent cette pensée; oui, Charles X est notre roi légitime.

Si, pour faire renaître cette stabilité si nécessaire à la France, si désirable pour le bien-être général, si utile aux intérêts particuliers, le vouloir du pouvoir se fondant sur la raison d'état, aidait au retour du vrai monarque dans sa capitale, que d'acclamations feraient ressortir les témoignages de regrets, les preuves de repentir !

Après avoir très spirituellement confondu les légitimistes avec les radicaux, et désigné plus spécialement deux feuilles qui (il faut le dire) altèrent le principe, pour établir une opinion qui s'y rattache; M. D.p.. a. se prévaut de citations qui réellement ne peuvent fournir à des objets de comparaison. Il trouve dans les cris informes d'une populace égarée la preuve de l'assentiment approbatif. Il en fait le *vox populi*, arbitre plus puissant que le *scriptura populi*. Cette subtilité est dénuée de tout raisonnement logique. Il est des cas où le *scriptura populi* n'est autre que le *vox populi*; alors émettre son vote par écrit n'est qu'exprimer sa pensée hautement à toute distance. Mais s'ensuit-il que celui qui n'a pas de droits, un étranger, un dégradé, puisse donner son avis, valider une mesure irrégulière, en l'appuyant de son assentiment? Assurément le vœu émis par de tels votans ou opinans est nul, irrévocablement nul.

Ce serait se jeter en dehors de toute conception raisonnable de contester la souveraineté du peuple; cette souveraineté est le premier élément qui concourt à la formation des nations en corps politique. Chacun des contractans est alors libre d'accepter ou de refuser. Comme rien n'est encore établi, chacun conserve individuellement son droit de liberté, de souveraineté; mais l'acceptation donnée, l'engagement devient perpétuel, car les descendans ne tiennent leurs droits que de leurs pères.

Cette question d'intérêt national a été judicieusement approfondie, savamment discutée et irrévocablement jugée à l'époque de la mort de Louis XIV, lors du procès élevé entre les princes du sang et les princes enfans légitimés.

Dans cette circonstance remarquable, tous les raisonnemens appuyés par des sophismes furent écartés comme étant plus spécieux que solides. « Le duc d'Orléans, en sa qualité de régent, d'a-« près l'avis d'un conseil de la régence, qui déli-« béra trois jours de suite, fit paraître un édit du « roi sur ce sujet. Cet édit est d'une solidité par-« faite, d'une sagesse, d'une modération achevée.

« Il porte en substance : *Si Dieu, qui conserve* « *la maison de France depuis tant de siècles,* « *frappait le peuple français du malheur de voir* « *périr tous les héritiers de cette maison ayant droits* « *successifs au trône, ce serait à la nation même* « *qu'il appartiendrait de réparer ce malheur par la* « *sagesse de son choix, puisque les lois fondamen-* « *tales de notre royaume nous mettent dans une* « *heureuse impuissance d'aliéner le domaine de* « *notre couronne, nous faisons gloire de recon-* « *naître qu'il nous est encore moins libre de disposer* « *de notre couronne même ; nous savons qu'elle* « *n'est à nous que pour le bien de l'état, et que* « *par conséquent l'état aurait seul le droit d'en* « *disposer dans un triste événement que nos peuples* « *ne prévoient qu'avec peine,* » etc., etc.

Ce fut après cet édit que le régent prononça ces paroles qui peignent si bien son noble caractère. « Je ne m'assiérai jamais au trône que lorsque « j'y serai porté par la loi. »

Quelle serait la garantie de la durée politique d'une nation, si les générations existantes pouvaient, par suite d'une volonté actuelle, exercer le droit d'annuler la loi fondamentale de l'état ? Avec un tel système il n'y aurait que deux situations de réelles : l'une serait celle d'un bouleversement flagrant ; l'autre, celle d'un bouleversement prêt à naître. Tout régime de stabilité serait impossible à maintenir. Le présent ne pouvant s'aider du passé, n'aurait aucun moyen d'offrir des certitudes pour l'avenir. C'est parce que la loi de la couronne est immuable, c'est parce qu'elle ne peut être transgressée, ni par aucun des membres de la famille royale qu'elle a mis en possession du souverain pouvoir, ni par les générations qui l'ont trouvée établie, que la France tire gloire de son antique devise, *occasum Gallia nescit*. Les Français sont le seul peuple de l'Europe qni se soient toujours vus gouvernés par des princes de leur nation.

M. D.p.. a. se montre l'antagoniste de la Charte de 1814, parce que cet acte législatif fut octroyé par le souverain, et que selon lui, qui se constitue publiciste, c'est le peuple qui doit prescrire la loi au monarque et non la recevoir de lui. Mais comment cet écrivain détracteur du pouvoir royal ignore-t-il que la charte des Anglais est un composé de plusieurs chartes octroyées par différens princes qui ne se sont pas même succédé immédiatement au trône. Pour s'en convaincre, qu'il se donne la peine de consulter Mathieu Paris, Ducange, il les trouvera d'accord à ce sujet. « La « grande charte, vrai diplôme des libertés an- « glaises, monument des droits conservés à cha- « cun, fut rédigée, ainsi que cela est reconnu « aujourd'hui dans les livres de droit la neuvième « année du règne de Henri III (1225), et terminée « dans la vingt-cinquième et vingt-huitième année « du règne d'Edouard (1297 à 1300); cette Charte « comprend *les lois données par Edouard le con-*

« *fesseur. Les rois Etienne, Henri II, Richard*
« *y avaient fait des additions ou des change-*
« *mens.* La Charte du roi Jean ne peut être ré-
« putée qu'un traité de pacification proposé par
« le souverain aux principaux du pays. »

Il faut s'abstenir (ajoute l'auteur) de retracer ce qui appartient à ce règne malheureux troublé par trop de discordes.

Cet exposé démontre évidemment que la grande charte anglaise, ce code des libertés publiques, a été formée de diverses lois octroyées par différens princes.

M. D.p.. a., qui veut être compté au nombre des membres de la chambre qui ont prononcé *que la couronne était à prendre ou à laisser (roi des Français moyennant la condition offerte, sinon, non)*, devrait bien faire connaître le but qu'il s'est proposé en mettant au nombre des pièces historiques données à la suite de son ouvrage, la déclaration de la chambre des cent jours (1815). Cette déclaration offre dans ses dispositions des conditions absolument contraires à la Charte constitutionnelle; voudrait-il déjà la faire modifier?

Lorsque l'homme ambitieux rêve son avenir, son imagination lui suggère des idées relatives au rôle qu'il se propose de jouer dans la carrière qu'il se croit sûr de parcourir. Telle est la faiblesse de l'esprit humain. M. D.p.. a. pose en principe qu'un roi constitutionnel *n'est point un roi soliveau*; mais cet écrivain pressentant le résumé *de l'ordre de choses qui a été adopté*, autour *duquel tous se rallièrent*, met au nombre des principales dispositions de la constitution un ministère *responsable*, *et par conséquent indépendant*.

Comment l'homme qui se montre le premier soutien des intérêts populaires a-t-il pu avancer une telle assertion, admettre une combinaison aussi dangereuse pour le système politique de l'état? Qui ignore qu'un des premiers avantages du gouvernement monarchique, c'est que le suprême pouvoir réside dans les mains d'un souverain qui par sa position demeure constamment dégagé des impressions qui se rattachent ou à des sentimens naturels ou à des intérêts particuliers? Par la loi on ne peut établir la responsabilité ministérielle que pour des cas spéciaux; elle est impuissante contre l'arbitraire. Accorder à ce pouvoir la faculté du *nous voulons*, c'est retomber dans tous les inconvéniens du proconsulat. Le principe nécessaire du régime ministériel est indiqué par cette sentence d'un ancien : *Viriliter age et sustine dominum*.

Chatam, ce grand ministre de l'Angleterre, ce publiciste si instruit dans le mécanisme du gouvernement représentatif, prononce ainsi : *Les ministres sont responsables envers le roi*, parce que la responsabilité ne se rapporte pas à ce qui est à produire, mais elle se lie au maintien de tout ce que le souverain peut prononcer. Ce n'est point contre ce que la loi peut réprimer que le droit des peuples exige des sûretés, mais contre l'extension possible ou présumée du pouvoir.

L'exhortation en forme de leçon dont M. D.p... a. a enrichi son écrit et qu'il adresse à ses contemporains, est si extraordinaire qu'on serait tenté de la croire plutôt une idée légère de son esprit que le fruit de mûres réflexions. *Français, sachez donc une bonne fois vouloir quelque chose et vous fixer enfin.* Tel est l'avis dicté par l'amour du bonheur public.

Mais pour qu'un corps mobile par sa nature puisse rester fixé, il faut au moins lui offrir un point d'appui, et un système révolutionnaire n'est qu'un amas de parties hétérogènes qui n'offrent aucune solidité. A la vérité, pour parer à ce grave inconvénient, l'écrivain ajoute : *Vous avez un roi cuirassé de cinq princes, qui assurent dans sa maison la continuité du pouvoir contre les calamités qu'entraîne trop souvent pour les peuples la* DÉSHÉRENCE *des maisons royales.*

Quelles raisons ont pu porter à préférer l'expression DÉSHÉRENCE à celle d'EXTINCTION ? Depuis plus de neuf cents ans que la dynastie des Capétiens est parvenue au trône, la Providence n'a apporté aucun obstacle à la stricte exécution de la loi du royaume, qui n'admet que le cas d'*extinction* de la maison régnante. Si la cause de *déshérence* avait été admise aux termes de nos codes, pour faire perdre le droit d'héritier ; ni François Ier ni Henri IV ne seraient parvenus au trône.

Depuis plus de quarante ans que la France est livrée aux tourmentes des révolutions, il s'est constamment trouvé des hommes qui pour assurer leur existence actuelle se sont efforcés de recommander la stabilité de la situation qui était leur ouvrage. *Sachons nous fixer*, se sont écriés ces fédérés de 89, en portant par toute la France la dévastation, et s'enrichissant des dépouilles de leurs bienfaiteurs. *Sachons nous fixer*, ont dit les conventionnels en se faisant bourreaux pour parvenir au pouvoir suprême. *Sachons nous fixer*, ont répété avec emphase les fallacieux successeurs des farouches républicains. *Sachons nous fixer*, ont conseillé les vainqueurs de brumaire en parcourant l'Europe à main armée. *Sachons nous fixer*, se sont efforcés d'insinuer dans les esprits ces traîtres qui se sont empressés de prêter serment de fidélité pour se créer des titres à la confiance de leur légitime souverain, et se fournir les moyens de le précipiter plus facilement du trône. *Sachons nous fixer*, vous disent et redisent ces bâtonniers de la confrérie de juillet dont le principal mérite consiste à avoir embrouillé les principaux élémens de l'ordre, au point d'en faire un *gâchis*.

Ne serait-on pas autorisé à demander à M. D.p..a. ce qu'il veut entendre par *la classe intermédiaire* : la force de l'état ne se fonde-t-elle pas sur le concours de chaque français pour le soutenir? Aux termes du droit politique, les natifs ne sont-ils pas également aptes à occuper les places, et à remplir les fonctions? Quelle différence raisonnable pourrait être établie entre M. de La F. et M. J. La F.? Les descendans de ces familles, dont l'origine se perd dans la nuit des temps, peuvent-ils se prévaloir d'un tel titre pour prendre rang dans les catégories, ou pour obtenir une préférence dans les différentes carrières ouvertes à chacun? La qualité de *sujet* ne procure-t-elle pas également à tous les Français la condition suffisante et nécessaire pour pouvoir parvenir aux premières fonctions de l'état?

M. D.p.. a. veut entacher du titre de factieux des hommes qui se montrent constamment attachés aux croyances religieuses de leurs pères, ainsi qu'à ces institutions monarchiques fondées sur les lois du royaume. Mais pour prouver qu'à de tels Français cette désignation de factieux peut être donnée, il faudrait au moins démontrer d'une manière incontestable quelle est la plus saine opinion, de celle qui s'attache à détruire, ou de celle qui se montre ferme pour conserver ce que les siècles ont respecté. Que les détracteurs des légitimistes opposent à ces causes d'une constante persévérance des objections qui ne se détruisent pas d'elles-mêmes.

Les légitimistes quant à Charles X disent : Le roi n'a point réellement abdiqué, parce que tout acte qui est une concession faite à la force est réputé non consenti : les lois religieuses, le droit des gens, la morale admettent ce principe. La décision des états en 1526 relative au traité souscrit à Madrid par François Ier à la demande de Charles-Quint et à son avantage, demeure une preuve qui reste dans toute sa force : « François « prisonnier s'était engagé a remettre entre les « mains de l'empereur le duché de Bourgogne, « à quitter la souveraineté de Flandre, d'Artois, « à son droit du duché de Milan et du royaume « de Naples, et à épouser madame Alionor, sœur « de l'empereur et douairière de Portugal. » Ce que le roi volontiers accorda, entendant bien que quelques promesses qu'il fît étant prisonnier elles étaient de nulle valeur, parce qu'il y avait force majeure.

La reine Anne d'Autriche, régente durant la minorité de Louis XIV, se vit en 1648, dans la nécessité de faire des concessions aux Parisiens révoltés. Pour les obtenir, le premier président dit à la régente, « Que le mal allait devenir sans « remède si on tardait à accorder les demandes « au peuple, qu'il n'était plus temps de se roidir; « que le parlement et le roi lui-même n'étaient « point assez forts pour résister à cent mille hommes « armés. Des barricades étaient établies, le chan- « celier avait été poursuivi, réduit à se cacher, « cinq présidens à mortier, une vingtaine de con- « seillers avaient fui de rue en rue pour s'échap- « per. Les gardes françaises, les suisses avaient « eu du pire. » Dans de telles circonstances, Anne d'Autriche dut céder; la régente dit au premier président : « Que le parlement voie donc ce

« qu'il y a à faire. » Elle se retira avec son fils à Ruelle.

Dès lors toutes les concessions furent imposées par une force majeure ; les factieux s'appuyant sur la fureur d'un peuple égaré dictèrent la loi à leur souverain.

Qui pourrait se refuser reconnaître que lors des événemens de juillet, Charles X ne se soit trouvé dans une situation plus difficile, plus dangereuse, que celle dont Anne d'Autriche s'était vue maîtrisée. Le maréchal Maison à Rambouillet disant à son roi : *Sire, je précède quatre-vingt mille hommes armés ; tous ils sont avides de votre sang*, n'annonçait-il pas au souverain qu'il ne lui restait plus d'autres moyens que de céder. Alors n'y a-t-il pas eu force majeure ?

Anne d'Autriche s'était déterminée à faire plier le pouvoir souverain devant la rebellion, parce qu'elle avait senti de combien de dangers le roi, son fils, était environné. Charles X, à Rambouillet, n'avait-il pas près de lui ses successeurs à la couronne ; n'était-il pas avec les membres de sa famille ; les ombres de Louis XVI, de Charles de Berry n'agitaient-elles pas son âme ? La résolution à laquelle il s'est arrêté n'a-t-elle pas été dictée par le sentiment *d'éviter de grands malheurs ?*

Si tant de considérations ont imposé à ce malheureux prince la mesure à laquelle il paraît s'être arrêté, il n'était donc pas libre de différer ; dès lors tout ce à quoi il s'est déterminé relativement à ses droits, à l'exercice de son pouvoir, est nul de droit, d'après le principe de la légitimité.

Sans vouloir aider à faire un rapprochement entre des faits qui appartiennent à des époques différentes, sans rappeler tous ces actes arbitraires dont se rendirent coupables ceux qui s'étaient emparés de l'administration du gouvernement durant les années de 1648 à 1652, il importe de rappeler l'édit par lequel Louis XIV, rentré dans l'exercice de son pouvoir, annula toutes les déclarations surprises par la force à la régente et les mesures qui en avaient été les suites.

« Le 18 juillet 1652, le roi rendit en son conseil « un arrêt par lequel, après avoir loué les bonnes « dispositions de la ville et des magistrats, sans « rappeler toutes les voies iniques que les chefs de « la rebellion ont employées pour se rendre maî-« tres des délibérations, soit en parlement, soit à « l'Hôtel-de-Ville, les condamne et désapprouve ; « en conséquence S. M. a cassé l'élection du soi-« disant prevôt des marchands, comme attentatoire « à son autorité ; elle déclare nulles toutes les dé-« libérations et résolutions qui seront prises tant « au parlement qu'à l'Hôtel-de-Ville, pour les « affaires publiques, jusqu'à ce que le gouverneur « de Paris, le prevôt des marchands et les autres « magistrats légitimes qui ont été contraints de « sortir aient été remis dans les fonctions de leurs « charges, qu'il leur ait été permis de les exercer « en toute liberté, sous l'autorité de sa majesté ;

« le roi défend à toutes les villes de son royaume « et à tous ses sujets d'avoir aucun égard à ce qui « leur sera écrit ou envoyé de la capitale tandis « qu'elle sera sous la puissance des rebelles. »

De même que Louis XIV demeura roi de France lorsque les factions de la Fronde lui contestèrent le pouvoir, de même Charles X est incontestablement le roi régnant. Toutes les mesures prises, toutes les décisions portées contre ce souverain sont nulles, ni le temps, ni les circonstances ne peuvent leur donner un caractère légal.

Quant à M. le dauphin :

Le titre et les droits d'héritier présomptif du trône ne peuvent être contestés à ce prince. En vain les factieux voudraient se prévaloir de la mention de sa renonciation insérée dans la lettre du roi son père ; à laquelle il a apposé son seing.

D'après quel principe de droit peut-on tirer de cette mention une induction suffisante pour prouver que la volonté du prince fût précise ? La seule déclaration de laquelle on se puisse prévaloir est ainsi conçue : « Le dauphin, qui partage mes « sentimens, renonce aussi à ses droits en faveur « de son neveu. »

A quel moment cette prétendue renonciation a-t-elle été consentie par le prince ? A-t-elle été la suite d'un mouvement de libre volonté ? Peut-on la considérer comme un acte de respectueuse condescendance ? On ne peut admettre qu'elle ait précédé la résolution du roi, qui motive la cause d'après laquelle il se détermine à abdiquer la couronne.

Ou il faut joindre les deux pensées dominantes des deux déclarations, ou il faut les séparer. Si on les admet identiques, elles ne peuvent avoir qu'un seul et même auteur. C'est Charles X qui a jugé devoir écrire : *Le dauphin, qui partage mes sentimens, peiné comme moi des maux qui affligent ou qui pourraient menacer mon peuple, renonce aussi à ses droits en faveur de son neveu.*

Il ne faut pas oublier que cette lettre déclarative du roi est du 2 août, jour où les commissaires de la prétendue chambre des députés étaient arrivés à Rambouillet, y avaient déjà fait connaître l'objet de leur mission, et annoncé les moyens déterminés pour en assurer l'exécution.

Plus les matières sont graves, plus les actes qui s'y rattachent exigent une scrupuleuse régularité ; ainsi Charles, faisant mention de son abdication, n'avait pas le droit de stipuler *qu'il abdiquait la couronne en faveur de son petit-fils le duc de Bordeaux*. Le prince qui porte la couronne n'a que la faculté de possession ; le droit de transmettre reste tout entier dans la loi. « En France le roi « ne meurt point, parce que l'état, demeurant tou« jours le même, ne s'aperçoit pas qu'il meurt, « et qu'en changeant de main il ne change pas « de condition. » Ainsi l'abdication étant une fin d'existence au trône, Charles X ne pouvait pas la rendre conditionnelle.

Si on sépare les deux pensées, si on admet que

même se rapportant à un objet unique, elles ont été le mouvement de deux volontés distinctes, alors on est forcé de convenir que ce n'était pas une renonciation que le prince devait consentir. La résolution du roi au moment même où elle fut énoncée rendait le dauphin possesseur de la couronne. N'eût-il joui de la prérogative qu'une minute, l'abdication était le seul acte possible.

Qu'a fait M. le dauphin dans une circonstance forcée et entièrement relative à l'état? Se renfermant dans cette situation uniquement passive que la loi prescrit à l'héritier présomptif de la couronne, il s'est borné à donner une preuve de son entière soumission à la volonté du monarque; il a acquiescé silencieusement à ce que son père, placé dans une situation par trop pénible, exigeait de lui. Mais sa soumission, sa condescendance, rendent-elles valable la renonciation énoncée? Non, car l'acte pèche par la forme; il ne fait pas entrer en compétence les deux stipulans.

A ces reflexions on peut ajouter une observation que la loi civile rend concluante.

Le dauphin n'a participé à la lettre datée de Rambouillet le 2 août, adressée par le roi au duc d'Orléans, qu'en y donnant son seing. Le prince n'a énoncé ni approuvé d'écriture, ni ne l'a revêtue du sceau de ses armes. On trouve dans le sommaire de l'article 89 de l'ordonnance rendue en 1560 par Charles IX, à la demande des états-généraux. « *Si les commissions, sentences, décrets*

« *ne sont signés et scellés* on n'y a aucun égard. *Le* « *seing rayé ou cancellé* et qui ne se peut lire ne « mérite être *appelé seing*, et ne doit avoir aucun « effet. *Le sceau seul* ne baille pas vigueur, auto- « rité, force et valeur au contrat auquel *le scel et* « *le seing* étaient requis tous deux ensemble être « apposés, soit omission faite par les parties ou « témoins. » La missive de Rambouillet n'est revêtue ni du *scel* du roi, ni du *scel* du dauphin.

La cour de cassation a rendu en 1832 un arrêt qui porte en substance : Une simple signature mise au pied d'un acte peut faire présumer l'intention, mais elle n'établit pas la preuve de la volonté précise et déterminée.

Si, d'après toutes les lois existantes, il n'est pas possible d'opposer à M. le dauphin la teneur de la lettre de Rambouillet, comment pourrait-on établir qu'actuellement il n'est plus héritier présomptif du trône et de la couronne. Les légitimistes sont-ils coupables de le considérer comme restant dans tous ses droits ?

Le duc de Bordeaux :

Selon le droit des gens, de même que d'après tous les principes de morale suivis parmi les nations civilisées, est-il jamais permis de porter une condamnation, en matière politique, contre celui qui n'est pas encore parvenu à l'existence politique ? Sur quelle loi pourrait-on fonder une telle mesure ? Ecartez l'absurde de ce sophisme, *la loi de la nécessité*, et il demeure impossible de produire un motif qui puisse être accueilli par la raison. Quel était pour la couronne le duc de Bordeaux à l'époque des événemens de juillet 1830? Seulement on pouvait le considérer comme l'héritier éventuel du trône, comme un successeur dont les droits restaient incertains. Alors ils étaient de la même nature qu'ils le restent actuellement encore, car ces droits peuvent être changés par des combinaisons dont la possibilité demeure dans les décrets de la Providence.

On ne peut par présomption se prévaloir contre celui dont la possession d'état n'est pas fixée. Il n'est pas de la nature de la justice de se prononcer sur des conjectures, des probabilités. Les désirs, les passions qui s'éveillent par l'effet des opinions ne peuvent influencer ses décisions.

Louis XIV, dans son édit du mois d'octobre 1685, portant révocation de celui de Nantes, dans cet acte d'une mesure de haute politique, n'a pas compris dans l'arrêt de proscription les enfans en bas âge dont les pères furent obligés de sortir du royaume... La possession, la disposition de leurs biens personnels leur furent également conservées. Leur personne demeura sous la protection du monarque, et l'époque de leur libre arbitre au sujet du choix relatif aux croyances religieuses fut reculée de sept à quatorze ans.

Qu'est actuellement le duc de Bordeaux considéré quant à sa personne? Il est seulement le fils d'un prince puîné de la branche aînée de la famille régnante ; il est un enfant mineur ; toute autre désignation se lie à une présomption. Cette présomption peut-elle être réputée suffisante pour fonder un titre réel et actuel ? Les légitimistes en l'admettant feraient violence au principe monarchique. Les révolutionnaires en anticipant sur l'avenir ne font qu'ajouter à l'arbitraire.

Ce serait à tort que des esprits prévenus voudraient se prévaloir à l'égard du duc de Bordeaux de la mesure qui a été adoptée contre un jeune prince qui n'est plus, et que son enfance n'avait point mis à l'abri d'une proscription de déchéance. L'avénement du père du duc de Reischtadt au trône de France était en opposition aux lois du royaume ; dès lors il ne pouvait se former de successeurs ayant droit. Bonaparte, comme guerrier, comme grand homme, restera toujours jeune d'immortalité ; comme empereur, jamais il ne prendra rang parmi les monarques légitimes.

Il ne faut pas s'arrêter à ces allégations haineuses qui ont été proférées par quelques hommes en incandescence d'irrascibilité. La chambre des pairs, qui les a entendues, a prouvé par son silence qu'elle jugeait indigne d'elle de les relever, d'y attacher quelque importance.

Il n'y a que deux points de vue sous lesquels on puisse envisager la question qui divise les légitimistes et les révolutionnaires par rapport à Charles X et aux membres de la branche aînée de la famille royale. Ou la mesure qui a précipité du trône le monarque et ses descendans a été motivée par l'abdication et la renonciation déclarées à Rambouillet, où elle a été déterminée, ainsi que l'énonce la Charte de 1830, *par la violation de la Charte constitutionnelle, et en outre parce que par suite de cette violation S. M. Charles X, S. A. R. Louis-Antoine dauphin, et tous les membres de la branche aînée de la maison royale sortent en ce moment du territoire de France.*

Il est à remarquer que les qualifications de sa majesté, de dauphin, se trouvent consacrées dans la Charte constitutionnelle promulguée le 9 août, conséquemment postérieure de six jours à l'abdication, à la renonciation de Rambouillet. Comment, privant des droits, a-t-on reconnu les titres?

Pour justifier leurs actions aux yeux de la postérité, pour pouvoir accuser les légitimistes, il faut nécessairement que les révolutionnaires prouvent qu'il existe une légalité suffisante dans la missive de Rambouillet. La cause de violation de l'acte constitutionnel n'est pas soutenable; le possesseur de la couronne, l'héritier du trône ne peuvent en être réputés responsables; de plus cette prétendue violation n'a pu être démontrée réellement formelle. Dans le procès des ministres, ni les commissaires accusateurs, ni le ministère public, ni le pair rapporteur de la cause, ni le jugement dans ses considérans, n'ont pu établir par preuves suffisantes, légales et constantes cette violation. Assurément on ne peut imputer à Charles X le tort d'être sorti de France. Le monarque qui, au moment de quitter le territoire du royaume, nomme un lieutenant-général pour tenir les rênes du gouvernement durant son absence satisfait à ses obligations envers la loi; il accomplit ses devoirs à l'égard de l'état. Jusqu'à ce moment les révolutionnaires ont su maintenir leur ouvrage. Par la violence ils se sont faits les plus forts; mais il sont encore dans l'impuissance de prouver que la justice, l'équité soient de leur côté. Les légitimistes ont donc raison d'avancer qu'eux se montrent fidèles aux principes, et que leurs adversaires abondent dans des systèmes aussi subversifs que dangereux pour l'ordre social.

Ne pas avouer que la France soit toujours sous l'impression de la tourmente révolutionnaire, ce serait vouloir se refuser à l'évidence; le *sachons nous fixer* de M. D. p.. a. est un aveu complet de la situation actuelle de l'état.

Il est cependant une chose vraie et qu'il ne faut pas taire : les élémens qui ont concouru à préparer les événemens de juillet 1830, à les faire naître, n'existent plus. Le parti des *napoléonistes* s'est annulé volontairement, du moment où il a dû reconnaître que n'ayant plus l'avenir pour soutien de ses espérances il devenait inutile de poursuivre son entreprise.

On peut dire avec autant de raison que de justesse que les révolutionnaires actuels forment deux partis et une *coterie*. Les philosophes ou doctrinaires, les républicains ou novateurs, se distinguent par la différence de leurs systèmes. *La coterie des flottans* ne se fait remarquer que par sa mutabilité. On peut la croire entièrement composée de vrais caméléons politiques.

Les principaux membres de cette *coterie* paraissent avoir adopté pour plan de leur conduite intentionnelle cette maxime de certains ligueurs, dont le caractère fut dépeint dans ces temps par ce quatrain qui se trouve rapporté dans la *Satire Ménippée* :

Pour être bien venus et faire nos affaires
Durant ce temps fâcheux, plein d'horribles misères,
Agnoste, mon ami, sais-tu que nous ferons?
Surprenons quelque place, et puis nous traiterons.

Les recherches nécessaires pour s'instruire sur des faits historiques qui appartiennent à des temps plus ou moins reculés aident puissamment à des remarques qui frappent également l'esprit et le jugement. C'est ainsi que l'on acquiert la conviction que si Paris est le foyer des commotions intestines par suite de son immense population, toujours si peu composée d'indigènes, la garde bourgeoise de cette capitale a été à toutes les époques la cause première que les Français soient revenus au régime de l'ordre, à l'obéissance envers leur légitime souverain. Que d'exemples prouvent l'exactitude de cette assertion!

« Louis d'Outre-Mer remonte sur le trône de

« ses pères à la demande de Hugues, comte de « Paris, dont les milices soutiennent la résolu- « tion.

« Blanche de Castille, obligée de se jeter elle « et son fils dans la place forte de Monthléri pour « éviter de tomber dans l'embuscade que lui avaient « tendue les factieux, donne avis aux Parisiens de « l'entreprise qu'on avait faite sur la personne du « roi et sur la sienne; toute la ville vient en armes « au devant d'eux, et, à la vue des ligués, la « régente ramène comme en triomphe le roi son « fils dans son palais. Depuis Monthléri jusqu'à « Paris on voyait deux baies de bourgeois et des « habitans bien armés qui ne faisaient autre chose « que des exclamations et des prières pour la pros- « périté du règne de leur roi légitime. » Ce monarque fut S. Louis, S. Louis dont les fils sont en exil. Parisiens, ces bourgeois étaient vos pères.

Ce fut la garde bourgeoise de Paris qui la première salua Charles VII du titre de victorieux, ce furent les bourgeois de Paris qui, pour faire disparaître et l'étendard étranger aux trois léopards et la bannière à la croix de Bourgogne, arborèrent sur les tours de Notre-Dame « le drapeau blanc « au signe des lis, dont le roi fit dès ce moment « sa principale enseigne. »

Louis XI en 1467, pour déjouer les projets séditieux du duc de Bretagne et intimider ses ennemis, « réitéra l'ordre qu'il avait donné quelque temps « auparavant aux habitans de Paris de se tenir

« prêts pour passer en revue devant lui. Ce fut « un jeudi 14 septembre que l'on vit sortir tout « ce grand peuple de nouveaux soldats, au nombre « de soixante à quatre-vingt mille hommes. On « compta jusqu'à soixante-sept bannières des seuls « métiers, sans les étendards et guidons du parle-« ment, de la chambre des comptes, du trésor, « des généraux des aides, des monnaies, du châ-« telet et de l'Hôtel-de-Ville. » Tous les esprits se montrèrent alors animés du sentiment de fidélité envers leur souverain.

En 1594, tandis que les ligueurs disputaient encore, en Champagne, le pouvoir à Henri IV, « la garde bourgeoise de Paris, ayant à sa tête « ses quarteniers, cinquanteniers et dixainiers, « prononça son serment en ces termes : Nous ju-« rons et attestons, sur les saints Evangiles, que « nous reconnaissons de cœur et d'affection notre « roi, prince naturel et légitime, Henri IV, pré-« sentement régnant. Promettons en outre de n'a-« voir aucune communication, pratique ni intelli-« gences avec ceux qui se sont élevés en armes « contre sa majesté, et tous les autres qui se pour-« raient élever ci-après, que nous déclarons en-« nemis de l'état et les nôtres en particulier. »

La lettre suivante de Louis XIV restera, dans tous les temps, un document qui prouvera la conduite que sut tenir la garde bourgeoise de Paris durant les troubles qui agitèrent l'état pendant la minorité de ce prince.

« Ce même jour, 16 septembre 1752, le roi, « qui était à Mantes, écrivit aux colonels de sa « bonne ville de Paris pour qu'ils empêchassent « qu'on ne reçût dans Paris aucune troupe d'Es- « pagne, de Lorraine et des princes ; et en même « temps sa majesté les chargeait de faire une re- « cherche exacte de tous les officiers et soldats « desdites troupes qui pourraient être dans Paris, « et de les en faire sortir sans délai, afin que rien « ne pût faire obstacle au retour de sa majesté. « Le roi assure les colonels que les soins et le bon « ordre qu'ils y apporteront lui seront en singu- « lière considération, qu'il reconnaîtra par tous « les effets qu'ils peuvent attendre de sa bonne « volonté les services qu'ils lui rendront dans « une occasion si importante. »

Quel habitant de Paris se refuserait à tirer gloire de ce fait historique des événemens de 1814? Les souverains étangers, dont les trônes avaient été si fortement ébranlés, se trouvant réunis dans cette capitale, donnèrent à sa garde bourgeoise la preuve de la plus honorable confiance, en ayant recours à ses armes pour assurer le maintien de la tranquillité publique, et y garantir la sûreté de leurs personnes.

Ce fut dans ces circonstances que Louis XVIII dit aux deux empereurs qui vinrent le féliciter sur cet élan d'enthousiasme qui s'était manifesté dans les rangs de cette garde à son entrée : « Vous pouvez juger de quoi sont capables les

6*

« fils des plus anciens soutiens de la monarchie. »

Le besoin de l'ordre, ainsi que celui de la stabilité devant toujours être aux pères de famille d'une indispensable nécessité, pour leur offrir la garantie de ce bien-être durable que réclament les sentimens de la nature, la raison ne peut se défendre de s'arrêter à la pensée que dans un avenir plus ou moins rapproché Paris verra se renouveler ces événemens heureux que sa garde bourgeoise a su faire naître à des époques écoulées depuis plus ou moins long-temps.

Alors les Parisiens, instruits par leur propre expérience, pour assurer leur avenir, se feront sans doute une loi de ce précepte de Plutarque: « Si « plusieurs s'entremêlent des affaires de la chose « publique, faites que sans querelle, sans sédition, « ils se portent à l'envi à ce qui sera le plus ver- « tueux. »

Comment M. D.p.. a. a-t-il pu s'arrêter à l'idée que ce qui se passa en Angleterre après la révolution de 1688 offrait quelque analogie avec ces mouvemens de pertubation qui se manifestent, se calment, se renouvellent parmi les Français. Si l'on se livre avec impartialité à l'examen des causes qui durent produire les suites inévitables de la révolution de 1688, on reconnaît l'impossibilité de les admettre pour conséquences nécessaires de la révolution de 1830.

La révolution d'Angleterre de 1688, considérée dans ses projets, dans son action, par ses résultats comme pour ses suites, n'offre aucun point de rapprochement avec celle de France de 1830. Ni la nature des événemens, ni la conduite tenue par les deux princes parvenus au timon des affaires des deux états, ne peuvent prêter à saisir quelques traits de ressemblance.

La révolution d'Angleterre fut l'exécution d'un plan de hautes combinaisons politiques préparées entre plusieurs cabinets de l'Europe. La commotion intestine de France a été l'œuvre de conspirateurs ourdissant leurs projets dans des réunions clandestines. Jacques II, pour changer la religion de l'état, avait voulu combattre les différentes croyances religieuses qui tenaient ses peuples divisés; Charles X, sans gêner les différentes croyances, s'est montré le soutien de la religion, de la couronne. Le prince d'Orange, pour aider à ses vues, pour se créer des partisans, avait dû nécessairement consentir à des engagemens dont la première conséquence fut de le mettre en butte à des exigences; le duc d'Orléans n'a été aucunement dans le cas de promettre à qui que ce soit; sa résolution seule a mis fin à la tourmente de la révolution. En Angleterre les haines de partis avaient pour mobile le fanatisme des sectaires; en France la diversité des opinions ne se nourrit *ni de vieilles haines*, ni de *récentes inimitiés*; les légitimistes restent fermement attachés au principe monarchique, les révolutionnaires s'agitent dans le vague des systèmes. Les premiers se montrent beaucoup plus éloignés de vouloir le gouvernement absolu que les seconds ne paraissent consentir à courir les chances de l'anarchie.

Si pour bien s'instruire de la nature et des différences des deux révolutions, M. D.p.. a. avait lu Burnett, l'apologiste de la révolution de 1830 aurait appris du chaud partisan de celle de 1688, que celui qui veut écrire pour l'histoire ne doit pas paraître « insulter à un roi malheureux et « aggraver inhumainement son infortune. »

FIN.

www.ingramcontent.com/pod-product-compliance
Lightning Source LLC
LaVergne TN
LVHW020404230826
846091LV00003B/1135

* 9 7 8 2 0 1 2 9 7 0 1 5 1 *